DAS KLEINE
STERNZEICHENBUCH

Steinbock

22. Dezember – 20. Januar

SONDERAUSGABE

© 2009 Genehmigte Sonderausgabe

Alle Rechte vorbehalten. Nachdruck, auch auszugsweise, nur mit ausdrücklicher Genehmigung des Verlages gestattet. Alle Angaben wurden sorgfältig recherchiert. Eine Garantie bzw. Haftung kann dennoch nicht übernommen werden.

Text: Peter Ripota (unter Mitarbeit von Y. Kirsch, A. Huber, B. Kleefeld, W. Martin, G. Motitschka), Ursula Fassbender
Titelabbildung: Hartmut Baier
Umschlaggestaltung: Axel Ganguin

ISBN 978-3-8174-6405-0
5264054

INHALT

Vorwort 5

Einführung 7

Grundlagen der Astrologie 8

Warum die Astrologie so beliebt ist 19

Der Steinbock **21**

Der Steinbock als Mythos 22

Der Steinbock und sein beherrschender Planet 28

„Rotkäppchen und der Wolf" erzählt von einem Steinbock 34

Der Steinbock und sein Charakter 37

Der Steinbock im Beruf 50

Der Steinbock in der Freizeit 56

Der Steinbock und seine Gesundheit 58

Der Steinbock als Kind 62

Der Steinbock in der Liebe 70

Berühmte Persönlichkeiten 104

INHALT

Das Chinesische Horoskop   **111**

Der chinesische Mondkalender   112

Die Bedeutung von Yin und Yang   114

Die fünf Elemente   116

Der Weggefährte   120

Die Ermittlung Ihres chinesischen Tierkreiszeichens   122

Die zwölf chinesischen Tierkreiszeichen   125
    Ratte   125
    Büffel   129
    Tiger   132
    Katze   136
    Drache   139
    Schlange   142
    Pferd   145
    Ziege   147
    Affe   150
    Hahn   152
    Hund   155
    Schwein   157

VORWORT

Fast alle Menschen kennen ihr Sonnenzeichen – das, was man gewöhnlich als „Sternzeichen" bezeichnet. Und mindestens die Hälfte kennt auch ihren Aszendenten. Viele lesen die astrologischen Wochenprognosen in den Illustrierten, und die Astrologen haben Zulauf wie im Mittelalter.

Was ist dran an der Astrologie? Enthält sie uraltes Wissen, vielleicht sogar von übermenschlichen Besuchern aus dem Kosmos? Oder ist sie Scharlatanerie, Geschäft mit der Gutgläubigkeit (und Vergesslichkeit) der Menschen?
Immerhin beschäftigen sich mehr ernsthafte Gelehrte und Praktiker mit ihr, wenn auch meist heimlich: Ärzte, Heilpraktiker, Psychologen, Berater. Wendet man ihre Erkenntnisse an, kommt man zu praktischen, verwertbaren Lebenshilfen. Man muss nur wissen, worüber die Sterne wirklich Auskunft geben können und worüber nicht.

Die Sterne können Auskunft geben über:
- angeborene Talente, Begabungen und besondere Fähigkeiten,
- angeborene körperliche Schwächen,
- Zeiten, in denen es günstig ist, etwas Bestimmtes zu tun,
- **Zeiten, in denen es eher ungünstig ist, gewisse Dinge in Angriff zu nehmen,**
- Menschen, mit denen man sich gut versteht und solche, mit denen man eher Probleme hat.

Die Sterne können nichts darüber sagen:
- **wie man gerade lebt oder sich fühlt,**
- ob eine Verbindung (z.B. Ehe) glücklich ausgeht oder nicht,

VORWORT

- wie jemand aussieht,
- an welchen Krankheiten jemand tatsächlich leidet.

Die Astrologie ist in diesem Sinn Lebenshilfe, dass sie jemandem sagen kann, wo seine Chancen liegen – vorausgesetzt, er fördert die Talente und Anlagen, die ihm unter seinem Stern- bzw. Sonnenzeichen gegeben sind. Auch kann die Astrologie bestimmte Fehler, zu denen man „natürlicherweise" neigt, von vornherein vermeiden helfen.

Und nicht zuletzt führt die Beschäftigung mit dem eigenen Tierkreiszeichen, das Nachdenken über Aussagen, die die Astrologie hierüber macht, zur kritischen und positiven Auseinandersetzung mit sich selbst: Wie oft hat man das Gefühl, beruflich oder privat am falschen Platz zu sein! Die Astrologie kann solche Gefühle bestätigen oder widerlegen. Doch es dürfte klar sein, dass das Sternzeichen allein keine erschöpfende Auskunft geben kann. Es gibt auf dieser Welt nicht nur zwölf Menschentypen, sondern so viele einzigartige Charaktere wie Menschen. Dennoch ist die Beschäftigung mit dem Sternzeichen sinnvoll. Sie zeigt die Grundtendenzen auf, die den Weg zu einem erfüllten Leben andeuten.

Einführung

EINFÜHRUNG

Grundlagen der Astrologie

Bei Astrologie denken wir gleich an den Einfluss der Sterne. Tatsächlich wissen wir nicht, wie Astrologie funktioniert, doch jeder kann sich selbst davon überzeugen, dass sie funktioniert. Auch haben nicht die Sterne Einfluss auf uns, sondern die Himmelskörper unseres Sonnensystems: Sonne, Mond und die Planeten.

Das Sonnenzeichen

Am stärksten wirkt die Sonne, der wir unser Dasein verdanken und ohne die keinerlei Leben möglich wäre. Während der scheinbaren jährlichen Wanderung der Sonne am Himmel hält sich dieser Stern etwa einen Monat lang in je einem Tierkreiszeichen auf. Die zwölf Tierkreiszeichen haben die gleichen Namen wie die Sternbilder der Ekliptik, doch sie sind mit ihnen nicht identisch. Während Sternbilder am Himmel fest verankert sind und aufgrund ihrer großen Entfernung keinerlei Einfluss auf den Menschen ausüben können, bilden Tierkreiszeichen – oder kurz Zeichen – eine zeitliche Einteilung des Jahres. Wer im Frühjahr geboren wird, wenn alles vom Winterschlaf erwacht und nach außen drängt, der hat einen ganz anderen Charakter als jemand, dessen Geburt in die Zeit der erlöschenden Herbstsonne fällt. Aus dieser jahreszeitlichen Einteilung ergeben sich die Eigenschaften der zwölf Zeichen.

EINFÜHRUNG

Die zwölf Zeichen

♈ **Widder** (21. März bis 20. April: Beginn des Frühlings):
Der große Kampf des aufkeimenden Frühlings gegen den unterliegenden Winter beginnt. Es bilden sich die ersten Knospen. Unter Stürmen und Kämpfen, doch mit unerschütterlichem Optimismus wächst neues Leben.

♉ **Stier** (21. April bis 20. Mai: Mitte des Frühlings):
Die Wiesen blühen, die Frühlingsdüfte erfüllen die Luft, das Leben beginnt. Die Zeit ist gekennzeichnet durch die Farbenpracht der Blüten.

♊ **Zwillinge** (21. Mai bis 21. Juni: Unruhe des Frühlings):
Etwas Neues bereitet sich vor, die Jahreszeit neigt sich dem Ende zu. Veränderungen in der Luft bringen Unruhe und Neugier. Die Bäume bilden Bätter und Zweige, Pflanzen und Tiere treten in Kontakt miteinander.

♋ **Krebs** (22. Juni bis 22. Juli: Beginn des Sommers):
Etwas Neues baut sich auf, die heißeste Jahreszeit beginnt. Regen, Feuchtigkeit und die Fülle sommerlichen Lebens erfüllen die Erde. Plötzlich kommt es zu Gewittern, zu Unruhe, zu Entladungen. In Feuchtigkeit und Hitze bildet sich neues Leben.

EINFÜHRUNG

♌ **Löwe** (23. Juli bis 23. August: Mitte des Sommers):
Die Natur erstrahlt in ihrem höchsten Glanz. Die Sonne hat zwar den Höhepunkt überschritten, bringt aber eine ruhige und überlegene Wärme. Alles blüht hochsommerlich, voller Wärme und Energie. Die Natur hat ihre Reife erreicht.

♍ **Jungfrau** (24. August bis 23. September: Unruhe des Sommers):
Es wird Zeit, die Ernte einzubringen. Dazu braucht man Fleiß, Sinn für Ordnung und Freude an der Arbeit. Früher arbeiteten nur Frauen und Mädchen auf den Feldern, daher wird diese Zeit vom Zeichen der Jungfrau beherrscht.

♎ **Waage** (24. September bis 23. Oktober: Beginn des Herbstes):
Die Ernte ist eingefahren und muss gerecht verteilt werden. Außerdem hat man jetzt mehr Zeit für das Schöne: für Feste und Vergnügungen, für Kunsthandwerk und Geselligkeit. Das Wetter ist immer noch schön, die Herbstfarben regen zu stimmungsvollen Bildern an.

♏ **Skorpion** (24. Oktober bis 22. November: Mitte des Herbstes):
Die trübe Jahreszeit beginnt. Nebel und gefallene Blätter künden von Tod und Verwesung. Die Menschen beginnen, sich in sich selbst zurückzuziehen und auf ein häusliches Leben einzustellen.

EINFÜHRUNG

Schütze (23. November bis 21. Dezember: Unruhe des Herbstes):
Das Schlimmste an herbstlich-düsterer Stimmung ist überwunden. Im Spätherbst kommt nochmals eine gewisse Leichtigkeit vor den Stürmen des Winters, ein kurzer Optimismus, der mithilft, den Winter zu überstehen.

Steinbock (22. Dezember bis 20. Januar: Beginn des Winters):
Die Sonne hat ihren tiefsten Stand erreicht, die Erde ist trocken und die Natur karg. Nur die zähen Tiere überleben, diejenigen, die sich einen Vorrat angeschafft haben und sich ans Leben klammern.

Wassermann (21. Januar bis 19. Februar: Mitte des Winters):
Die Luft ist glasklar, alle Aktivitäten eingeschränkt. Die Natur verharrt in kälteklirrender Gelassenheit. Tätigkeiten des Geistes werden jetzt begünstigt.

Fische (20. Februar bis 20. März: Ende des Winters):
Die Kälte schwindet, der Schnee schmilzt, alles wartet auf das Ende des Winters und auf den stürmischen Beginn des neuen Jahres.

EINFÜHRUNG

Der Aszendent

Neben der Sonne sind natürlich auch noch andere Faktoren wichtig. So war schon im Altertum bekannt, dass der Punkt, an dem der Ost-Horizont den Tierkreis schneidet, einen entscheidenden Einfluss auf das Leben eines Neugeborenen ausübt, ganz besonders, wenn zu dieser Zeit auch noch ein Planet aufgeht.

Dieser Punkt heißt Aszendent (von lat. „ascendere" = aufgehen). Ihn zu berechnen ist etwas kompliziert und auch nur dann sinnvoll, wenn die Geburtszeit genau bekannt ist. Alle zwei Stunden geht ein neues Zeichen auf, und im Laufe eines Tages dreht sich die Erde auf diese Weise durch den ganzen Tierkreis.

Die vier Elemente

Nach frühester astrologischer Tradition werden die Tierkreiszeichen in Gruppen zusammengefasst. Das Weltensystem der alten, aus dem Orient stammenden Astrologie war geozentrisch. Die Kreisbewegungen der Planeten um die Erde wurden mit den linearen, zeitlich begrenzten Bewegungen der vier klassischen Elemente Feuer, Luft, Wasser und Erde kombiniert.

Die Vier-Elemente-Vorstellung wurde von Ptolemäus mit der Astrologie in Verbindung gesetzt. Er ordnete je drei Tierkreiszeichen den vier Elementen zu. Man spricht hier von Triplizität oder der Verknüpfung von drei Tierkreiszeichen in vier

EINFÜHRUNG

Gruppen. Aus der Stellung der Planeten in den entsprechenden Tierkreiszeichen ergibt sich die Elementnatur. Wer in einem bestimmten Element geboren ist, hat entweder eine luftige oder feurige Natur und ein entsprechendes Temperament oder Schicksal. Die Menschen, denen die Elemente Feuer, Erde, Luft und Wasser zugeordnet werden, haben außerdem in ihrer Geburtsstunde eine bestimmte Konstellation von Sonne, Mond, Aszendent oder Planeten, die sich auch auf ihr Charakterbild auswirkt.

Nachfolgend werden die einzelnen Elemente und die astrologisch dazugehörigen Tierkreiszeichen aufgeführt:

Das Element **Feuer** (Widder, Löwe und Schütze) ist optimistisch, liebt Bewegung, ist unternehmungslustig und voll von körperlicher Energie. Der Partner verkörpert teilweise einen Mythos, also eine fantastische Gestalt, die über die Realität hinausgeht. Die Bindung in einer Partnerschaft sind gemeinsame Unternehmungen, Sport, Dynamik. Sex ist für Feuerzeichen eine wichtige Angelegenheit, bei der sie ihren Körper transzendieren und eine Art spiritueller, ekstatischer Vereinigung spüren wollen.

Das Element **Erde** (Stier, Jungfrau und Steinbock) ist realistisch und neigt deswegen zu Pessimismus und Melancholie. Es liebt Materie, also Besitz, sinnliche Vergnügungen, Arbeit und Status. Der Partner sollte ständig anwesend sein; moderne Beziehungen mit langer Trennung können Erdzeichen nicht ertragen. Die Bindung in einer Part-

EINFÜHRUNG

nerschaft sind Vertrautheit, gemeinsamer Besitz, Familie, Kinder, eine gute Position in der Gesellschaft, gutes Essen und angenehme Sinneseindrücke. Sex ist für Erdzeichen eine tiefe, körperliche Erfahrung, ohne Über- oder Untertöne. Eine romantische Umgebung kann wichtig sein, Gespräche beim Sex sind eher störend.

Das Element **Luft** (Zwillinge, Waage und Wassermann) liebt die Freiheit und redet gern. Es ist kontaktfreudig und muss die Wirklichkeit durch ein geistiges System ordnen. Luftzeichen lieben geistvolle Gespräche und nehmen die Welt leicht. Der Partner kann weit weg sein; Telefongespräche ersetzen dann den körperlichen Kontakt. Die Bindung in einer Partnerschaft sind geistige Auseinandersetzungen, Gespräche und Ideen. Sex ist für Luftzeichen nicht so wichtig. Gespräche, also Verbal-Erotik, können den eigentlichen Akt ersetzen bzw. wichtiger werden als die körperliche Vereinigung.

Das Element **Wasser** (Krebs, Skorpion und Fische) lebt in einer Welt von Vorstellungen, Fantasien und Gefühlen. Manchmal mangelt es ihm an Durchsetzungskraft, dafür ist es von hohem Einfühlungsvermögen geprägt. Der Partner sollte anwesend sein, weniger als Person denn als gefühlvolles, zugewandtes Wesen. Die Bindung in einer Partnerschaft sind gemeinsame Träume und liebevolle Zuwendung. Sex ist für Wasserzeichen Ausdruck einer gefühlsmäßigen Übereinstimmung, niemals Selbstzweck.

EINFÜHRUNG

Viereckgruppierung der Tierkreiszeichen

Der jährliche Sonnenlauf wird in vier Jahreszeiten eingeteilt. Die Jahreszeichen zeigen sich immer im gleichen Rhythmus. Die Jahreszeit bewegt sich, zeigt sich fest, stabilisiert sich, sie gleicht sich der folgenden Jahreszeit an. Genauso werden die Tierkreiszeichen eingeteilt.

Die **kardinalen** (aktiven) Zeichen (Widder, Krebs, Waage, Steinbock) ergreifen gerne selbst die Initiative und setzen sich konkrete Ziele.

Die **fixen** (beharrlichen) Zeichen (Stier, Löwe, Skorpion, Wassermann) können bei einer Sache bleiben und sind gute Organisatoren. Die **beweglichen** (reaktionsfreudigen) Zeichen (Zwillinge, Jungfrau, Schütze, Fische) sind anpassungsfähig und können rasch auf Veränderungen reagieren.

Männliche und weibliche Zeichen

Die Astrologie unterscheidet zudem auch noch nach männlichen und weiblichen Zeichen. Dies steht in gewisser Analogie zum Prinzip „Yin" und „Yang", von dem später noch im Kapitel zur Chinesischen Astrologie die Rede sein wird. Dieses älteste Gegensatzpaar hat somit auch in der Astrologie seinen Platz gefunden. Die Einteilung soll auf typisch männliche oder typisch weibliche Merkmale hinweisen.

Zu den **männlichen** Zeichen gehören die Feuer- und Luftzeichen, also Widder, Zwillinge, Löwe,

EINFÜHRUNG

Waage, Schütze, Wassermann. Vertreter dieser Zeichen sollen zielstrebig und tatkräftig sein. Sie ergreifen gern die Initiative.

Zu den **weiblichen** Zeichen gehören die Erd- und Wasserzeichen, also Stier, Krebs, Jungfrau, Skorpion, Steinbock, Fische. Die Vertreter dieser Zeichen sind eher passiv und zeichnen sich durch ihr zögerliches Handeln aus. Sie sollen sehr friedliebende Menschen sein.

Außerdem werden die Zeichen noch von Planeten beherrscht, die teilweise ebenfalls als männlich oder weiblich bezeichnet werden. So ist eine Waage-Frau vom biologischen Geschlecht her weiblich, dem Zeichen nach männlich, doch der beherrschende Planet Venus ist wiederum weiblich.

Zusammenfassung:

Fasst man die vorher genannten Eigenschaften und Zuordnung für die einzelnen Tierkreiszeichen zusammen, so ergibt sich folgende Aufstellung:

Widder: Feuer, beweglich, männlich

Stier: Erde, fest, weiblich

Zwillinge: Luft, angleichend, männlich

Krebs: Wasser, beweglich, weiblich

Löwe: Feuer, fest, männlich

EINFÜHRUNG

Jungfrau: Erde, angleichend, weiblich

Waage: Luft, beweglich, männlich

Skorpion: Wasser, fest, weiblich

Schütze: Feuer, angleichend, männlich

Steinbock: Erde, beweglich, weiblich

Wassermann: Luft, fest, männlich

Fische: Wasser, angleichend, weiblich.

Berücksichtigt man alle Faktoren, die zur Zeit der Geburt einen Einfluss ausüben können – Planeten, Häuser, Achsen, bestimmte Punkte – dann erhält man eine bildliche Darstellung, die man Horoskop nennt. Ein Horoskop kann Auskunft geben über die natürlichen Anlagen, Fähigkeiten und Talente eines Menschen; es kann jedoch nichts darüber sagen, was diese Person daraus macht. Die Symbole eines Horoskops sind wie die Gene eines Menschen: Sie beeinflussen ihn, aber welches Gen wofür zuständig ist, ist nicht leicht zu sagen. Der Mensch wird auch nicht nur durch seine Gene geformt, sondern auch durch Erziehung, Umwelt, Karma – und den eigenen Willen. In diesem Sinn ist Astrologie keine Zukunftsdeutung eines vorgezeichneten Schicksals, sondern der Hinweis auf das Potential eines Menschen und ein Appell an das Verantwortungsgefühl eines jeden, mit den eigenen Ressourcen vernünftig umzugehen und sie zum Wohle der Menschheit einzusetzen.

EINFÜHRUNG

Warum die Astrologie so beliebt ist

Nur im Abendland gibt es eine derart scharfe Abgrenzung zwischen der Wissenschaft, die uns die Welt erklärt, und der Religion, die uns das Leben erklärt. Die Wissenschaft zeigt, wie die Dinge funktionieren, aber sie sagt uns nichts darüber, warum das so ist und welchen Sinn unser Leben hat. Die Religion erklärt nichts, kann aber dem Leben des Einzelnen Sinn und Inhalt verleihen. Eine Berührung zwischen beiden scheint es nicht zu geben. Doch gerade da kommt die Astrologie ins Spiel. Von der Wissenschaft hat sie die Exaktheit der Berechnungen, die Komplexität der Formeln und die Ableitbarkeit komplexer Sachverhalte aus ihren Symbolen. Von der Religion hat sie die Fähigkeit, dem Einzelnen sein Leben in größerem Maßstab, sozusagen unter dem Aspekt der Ewigkeit, zu zeigen. Selbst Kritiker der Astrologie müssen zugeben, dass unser Leben in einer Form bereichert, wie es die rationalen Wissenschaften niemals können. Die Astrologie stillt die Sehnsucht des Menschen nach etwas Mythischem, Spirituellem, über den Alltag Hinausgehendem. Und darum brauchen wir sie.

Der Steinbock

Der Steinbock als Mythos

Der Steinbock ist der Mythos der Pflicht. Karg wie die Felsen der Gebirge, die den Lebensraum dieses Tieres darstellen, ist auch die Atmosphäre, in der das mythische Urprinzip Steinbock angesiedelt ist.

Schon bei den alten Griechen galt er als Symbol für die Unentrinnbarkeit des Schicksals. Die steilen Grate und tückischen Geröllhalden, auf denen sich der Steinbock sicher und schnell bewegt, sind abweisende Bezirke, nur die zähesten und genügsamsten Tiere können sich dorthin vorwagen.

Magisch jedoch wird der Mensch von den hohen Gipfeln angezogen. Der Bergsteiger nimmt die größten Mühen auf sich, um des Gipfelerlebnisses teilhaftig zu werden. Ja, der Aufstieg selbst, so einsam und entbehrungsreich er sein mag, ist ein mythisches Urerlebnis, ein Gleichnis für das Leben selbst, in seinem Streben und seinen Gefahren. Der Gipfelstürmer erprobt sich an der harten und spröden Materie.

Es liegt eine tiefe Symbolik darin, dass Steinböcke, wie auch ihre Verwandten, die Gämsen und Ziegen, keine runden, sondern eckige Pupillen haben. Quadrat und Rechteck sind in der Astrologie Symbole für das Sperrige, Harte und Lebensfeindliche. Dennoch sind diese Tiere aus der Nähe betrachtet ungemein anmutige und sympathische Geschöpfe.

DER STEINBOCK ALS MYTHOS

Der ausgewachsene Steinbock imponiert durch seine gewaltigen, gebogenen Hörner und durch die geschmeidige Gewandheit des ansonsten recht massiv gebauten Kletterers.

Der mythologische Herr der Ziegenarten, zu denen auch der Steinbock gehört, ist der Hirtengott Pan.

Pan ist der Sohn der Ziegennymphe Amaltheia, die mit ihm zusammen den Jupiter aufgezogen hatte, als dieser vor seinem grausamen Vater in Sicherheit gebracht werden musste. Zum Dank dafür versetzt der Gott, als er die Herrschaft angetreten hatte, seiner Nährmutter zu Ehren die Ziege an den Sternenhimmel.

In klaren Spätsommernächten kann man dieses Sternbild, das nichts anderes als das des Steinbocks ist, am Südhimmel erkennen. Es macht nicht viel Aufhebens von sich, ist unscheinbar und genügsam wie sein Prinzip.

Die Sonne tritt in das Zeichen des Steinbocks ein, wenn sie ihren tiefsten Stand erreicht hat. Doch gerade diese Wintersonnwende ist es, die den Beginn ihres Wiederaufsteigens in der Jahresbahn bedeutet.

Dieser Aufstieg ist eine Analogie zum ehrgeizigen Unterfangen des Kletterers. Der ganze, mühevolle Aufstieg liegt jetzt vor ihr, zunächst merkt man noch kaum etwas davon, dass die Tage wieder länger werden. Erst im Frühling schießt die Sonnenbahn förmlich empor, wenn sie in das Zeichen des Widders eintritt.

DER STEINBOCK ALS MYTHOS

Gleich dem Widder ist der Steinbock ein kardinales (Anstoß gebendes) Zeichen. Doch der ist weder temperamentvoll (Feuer) noch beschwingt (Luft), auch nicht gefühlsbetont wie die Wasserzeichen, sondern er ist ein Erdzeichen.

Gleich der ruhenden Kraft des Stieres und der nüchternen Zweckmäßigkeit der Jungfrau setzt sich sein Prinzip mit den Anforderungen der Materie auseinander. Der Anstoß, den er gibt, ist kein enthusiastischer oder emotionaler, sondern er ist schroff und sachlich, wie der Fels, der dem Kletterer unerbittlich jeden Schritt vorschreibt. Die kleinste Unachtsamkeit oder Unkonzentriertheit kann zum tödlichen Absturz führen.

Das Prinzip des Steinbocks ist ehrgeizig wie der Bezwinger eines Achttausenders. Nicht Strebertum soll hier gemeint sein, sondern die harten Anforderungen, die man an sich selbst stellt, um etwas befriedigend zuwege zu bringen.

Die Erde ist das Symbol für die ruhende Materie. Das Steinbock-Prinzip kämpft mit dieser Materie gerade dort, wo sie am sperrigsten und abweisendsten ist. Dazu gehört auch das Wissen darum, dass der Kampf mit dem harten Gestein nur durch Unterordnung zum Ziel führt.

Das Bergsteigen ist keine schnellfüßige Disziplin: Ruhe, Bedacht und konzentrierte Kraft sind vonnöten, um Zug um Zug dem Gipfel näher zu kommen, und vor allem Ausdauer sowie Geschicklichkeit müssen sich mit Geduld paaren, um in unwegsamsten Gelände Tritt fassen zu können.

DER STEINBOCK ALS MYTHOS

Der Steinbock ist ein Symbol der Ausdauer. Nicht die federnde, rasch sich verausgabende Kraft ist es, was seinen Erfolg verbürgt, sondern das Wartenkönnen und die kontinuierliche Anstrengung.

Pflichtgefühl ist das innere Bewusstsein einer Kontinuität. Man hat die Verantwortung für Vergangenes zu tragen und man bejaht die notwendige Beschränkung des eigenen Willens. Dieses Bewusstsein ist das Kennzeichen des mündigen Menschen. Pflichtgefühl und Verantwortungsbewusstsein sind unerlässliche Voraussetzungen für ein gedeihliches Zusammenleben der Menschen.

Das Steinbock-Prinzip ist wesentlich von diesem inneren Verantwortungsgefühl her bestimmt. Es stellt auch über die Verantwortung den Zusammenhang zwischen Vergangenheit, Gegenwart und Zukunft her. Es ist auch das Prinzip des Gedächtnisses und der Vorsorge.

Soziale Bindung aufgrund des Steinbock-Prinzips baut nicht auf Sympathien und Neigungen, sondern auf Selbstdisziplin im Dienste einer höheren Sache auf. Wird dieses Prinzip im persönlichen Bereich dominierend, so äußert es sich auch negativ als Gefühlskälte, Trockenheit, Langeweile. Fehlt es aber in diesem Bereich gänzlich, so kann es vielleicht sehr amüsant, aufregend, seelenbewegt zugehen, aber eine dauerhafte und starke Beziehung lässt sich so wohl kaum herstellen. Am verhängnisvollsten aber wirken sich Pflichtvergessenheit und Verantwortungslosigkeit im Hinblick auf künftige Generationen, im Berufs- und Staatswesen aus.

DER STEINBOCK ALS MYTHOS

Der Dichter Franz Werfel hat in seiner Novelle „Der Tod des Kleinbürgers" gleichsam einen Steinbock-Mythos unserer Tage geschaffen. Diese Novelle handelt von einem kleinen Beamten, der im Zeichen des Steinbocks geboren ist. Der Dichter spricht letzteren Umstand nicht direkt an, aber er teilt uns sein Geburtsdatum mit, weil es eine wesentliche Rolle in der Handlung spielt. Der Held der Geschichte hat eine Lebensversicherung abgeschlossen, selbstverständlich aus Verantwortungsgefühl gegenüber seiner Familie. Doch einige Zeit vor der Erreichung jenes Lebensalters, ab dem die Versicherungssumme im Todesfall ausbezahlt werden würde, erkrankt er schwer. Bald stellt sich heraus, dass seine Tage gezählt sein dürften. Die Angst, die nun in dem Kranken aufsteigt, ist keineswegs die vor dem Sterben als solchem, sondern einzig die, noch vor Erreichung des magischen Datums zu verscheiden und so seine Hinterbliebenen um die Versicherungssumme geprellt zu sehen.

Und obwohl sein Körper zusehends verfällt, bäumt sich sein ganzes Ich gegen ein Sterben vor dem bewussten Datum auf. Die Ärzte haben ihn schon aufgegeben. Nach allen Erfahrungen der Medizin müsste er bereits tot sein. Obwohl er schon fast ein lebender Leichnam ist, schafft es sein zäher Wille, das physische Ende noch Monate hinauszuziehen, d.h. die Kraft des Steinbocks schafft es. Kurz nach Erreichung des ersehnten Datums stirbt er in Ruhe.

Der Steinbock und sein beherrschender Planet

Ein erhabenes Gleichnis drückt sich in der Abstammung des Saturn aus. Der Gott, der dem Planetenprinzip, das dem Steinbock entspricht, Namen und Charakter verleiht, ist der Sohn des Himmels und der Erde.

Gaia, die Urmutter Erde, gebar dem Himmel (Uranos) die Titanen, ein dunkles, wildes und urtümliches Göttergeschlecht. Gaia liebte ihre ungeschlachten Söhne, Uranos aber konnte sich nicht für sie erwärmen und war zudem noch eifersüchtig auf sie, weil er die Liebe der Erde für sich allein beanspruchte. Es kam zu dem berühmten Titanensturz. Uranos verbannte seine Kinder in die Unterwelt.

Ein Titan aber, der jüngste, entkam: Kronos, eben jener Gott, der unter seinem lateinischen Namen Saturn in der Astrologie eine so bedeutende Rolle spielt.

Dem Kronos aber hatte seine Mutter Gaia geweissagt, dass er dereinst das gleiche Schicksal wie sein Vater Uranos erleiden werde: Abermals werde der Sohn den Vater entthronen und ermorden.

Dies wollte Kronos um jeden Preis verhindern. Und so verfiel er auf den Gedanken, seine Kinder zu verschlingen, kaum dass sie geboren waren. Alljährlich verschluckte er nun einen Nachkom-

DER STEINBOCK UND SEIN PLANET

men, und doch war es wieder der Jüngste, der ihm entkommen sollte.

Rhea gab ihm statt des Jupiter einen in ein Ziegenfell gewickelten Stein zu verschlingen, und tatsächlich: Der Titan ließ sich täuschen. Jupiter aber wuchs heran und befreite seine Geschwister. Schließlich verschworen sich die anderen Titanen mit Jupiter gegen Kronos. Von den Zyklopen bekam der junge Gott den Blitz, mit dem er den Vater zu Boden streckte.

Dennoch war die Rache des Jupiter beileibe nicht so furchtbar, wie man es wohl hätte annehmen können. Schon damals erwies er sich als großzügiger Gott. Denn er verbannte seinen entmachteten Vater nach Italien, in das alte Latium, wo Kronos sein Altenteil noch als Landeskönig verbringen durfte.

Der „alte Gott", Saturn, wie er nun von den Lateinern genannt wurde, erwies sich milder als zurzeit seiner Alleinherrschaft. Er brachte der Bevölkerung den Ackerbau bei, und das Land erlebte unter seiner weisen Herrschaft seine erste Blüte: das „goldene Zeitalter", von dem uns der römische Dichter Ovid kündet.

Streng um Recht und Ordnung besorgt war Saturn schon als Kronos. Nun aber, als Alter in Latium, ist er weise geworden.

Die Saturnalien, die die Römer traditionell zu seinem und des „Goldenen Zeitalters" Gedenken feierten, waren fröhlich und ausgelassen. „Tags

DER STEINBOCK UND SEIN PLANET

Arbeit, abends Gäste – saure Wochen, frohe Feste". Diese Goethe'sche Weisheit ist auch die des alten Saturn.

Der Saturn der Astrologie beinhaltet beide Seiten dieses göttlichen Urprinzips. Wie der doppelköpfige Gott Janus, der bei den Römern teilweise mit der Saturngottheit verschmolzen ist, blickt er vor und zurück. Er straft streng und unerbittlich vergangene Freveltaten. Er blickt vorsorgend in die Zukunft und mahnt zur Einschränkung im Überfluss, damit man nicht einst den Leichtsinn der guten Zeiten bereuen muss.

Wer sich den saturnischen Pflichten unterzieht, dem ist er ein unschätzbarer Helfer und kluger Freund. Er bringt die Erfahrung und die Reife des Alters. Jugendliches Ungestüm ist ihm fremd. Er hat selbst für seine eigenen Jugendsünden gebüßt und mahnt die Unbekümmerten, sich nicht von ihren Begierden beherrschen zu lassen. Wer sich nicht dieser Einsicht fügt, den trifft der Bannstrahl des Schicksals.

Diese göttlichen Prinzipien sind es, von denen Goethe spricht: „Ihr führt ins Leben uns hinein, ihr lasst den Armen schuldig werden. Dann überlasst ihr ihn der Pein, denn alle Schuld rächt sich auf Erden".

Saturn bringt die leidvolle Erfahrung, die so genannten Schicksalsschläge, die dazu dienen sollen, uns erkennen zu lassen, dass alles Leid in der Welt die Frucht vergangener Missetaten ist. Es nützt nichts, andere für das eigene Unglück verantwortlich zu machen, man muss die tiefste Ursache immer in sich selbst suchen.

Wer diese Lehre annimmt, dem ist sie eine starke Stütze im Leid. Für gewöhnlich ist man zu solcher Einstellung erst im Alter geneigt, daher ist Saturn das Prinzip des Alters, ja des Greises. Doch, wie schon das Sprichwort sagt, schützt Alter allein nicht vor Torheit.

Unsere Zeit ist in höchst verhängnisvoller Weise einseitig; sie sieht nur das negative, fehlgeleitete Saturnprinzip: den verkalkten, störrischen, kindischen Alten, nicht aber die Kraft, die in der Erfahrung und Geduld eines langen Lebens liegt.

In vergangenen Zeiten und bei naturnahen Völkern war der „Rat der Alten" eine wichtige Entscheidungsinstanz: Der Älteste galt zu Recht auch als der Erfahrenste. Nichtsdestoweniger bedeutet das Prinzip Saturn auch die Mahnung an den Alten, die aktive Macht nicht gänzlich an sich reißen zu wollen und sie für alle Zeit zu beanspruchen. Die ältere Generation muss im Tun und Handeln der jüngeren Platz machen, der alte Regent muss vom jungen abgelöst werden. Keinen Nachfolger aufkommen zu lassen, ist töricht – dann verschlingt Saturn seine Kinder.

Der Planet Saturn durchwandert den Tierkreis in annähernd 30 Jahren. Dies ist ein Symbol für die Stufen der Erfahrung, die man im Leben erklimmt. In früheren Zeiten wurden viele Menschen kaum älter als 30 Jahre. Dies ist die Periode der konzentrierten Sammlung des Materials der Erfahrung.

DER STEINBOCK UND SEIN PLANET

In der zweiten Saturnperiode, dem Mannesalter, halten sich Sammlung und Auswertung der Erfahrung die Waage.

Die dritte Periode aber ist die des Alters. In dieser erntet man die Früchte der Erfahrung und gibt sie an andere weiter.

Saturn scheint sich für den Erdenbeobachter ungeheuer langsam zu bewegen, sein Licht ist fahlgelblich. Das ihm zugeordnete Metall ist das Blei.

Der im Fernrohr sichtbare wundersame Ring, der ihn umgibt, besteht aus kleinsten Partikeln. Er ist ein Symbol für den abgeschlossenen Kreis der Erfahrung. Bisweilen wird der Ring von der Erde praktisch unsichtbar – wenn wir auf seine Kante blicken. Ein Gleichnis dafür, dass Saturn seine Kinder verschluckt.

Er ist der Äußerste der mit bloßem Auge sichtbaren Planeten – dieser letzte Kreis entspricht zugleich dem Lebenskreis des Alters.

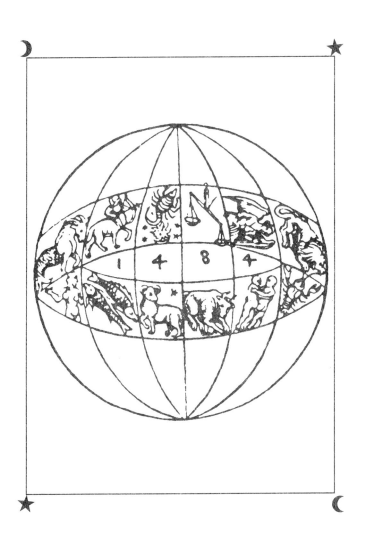

„Rotkäppchen und der Wolf" erzählt von einem Steinbock

Es war einmal eine Frau, die allgemein nur „Großmutter" genannt wurde. Sie war schon alt, fühlte sich aber gar nicht so. Denn mit den Jahren war sie immer jünger geworden.

Als Kind hatte man sie wegen ihrer Altklugheit verspottet. Jetzt, als betagte Oma, war sie lustig und unbekümmert wie nie zuvor. Und in ihrer Hütte weit oben in den Bergen lebte sie fröhlich und unbekümmert. Das harte Leben machte ihr nichts, denn ohne Leistung und eisernes Durchhalten bekommt man im Leben nichts geschenkt.

An ihrem Geburtstag (der dummerweise genau einen Tag nach Weihnachten lag) erhielt sie immer Besuch von ihrer Enkelin, die man „Rotkäppchen" nannte, wegen der roten Wollmütze, die sie ihr gestrickt hatte und die das Mädchen immer trug. Rotkäppchen war auch tatsächlich schon auf dem Weg, der lang und sehr gebirgig war.

Unterwegs begegnete Rotkäppchen dem Wolf. Er war ein alter und friedlicher Wolf, und er sehnte sich ein bisschen nach Gesellschaft und Wärme. Also fragte er Rotkäppchen, ob er mitgehen dürfe, und das Mädchen sagte ja, denn es hatte nichts gegen Wölfe.

Der Weg war mühsam, der Atem wurde kurz. Schweigend erklommen sie Hügel und Berge. Der Wind brachte Schnee und eisige Kälte, und der Atem gefror beinahe, wenn er dem Mund entströmte. „Kühl hier, nicht wahr?" sagte der Wolf. „Wie sich`s zu Weihnachten gehört", entgegnete das Rotkäppchen und zog sich den Schal über den Mund. Dann schwiegen sie wieder.

„Schöne Aussicht", meinte schließlich das Mädchen, obwohl außer wirbelnden Schneeflocken nichts zu sehen war. „Ja", sagte der Wolf und fügte hinzu: „Das Gebirge wär' eigentlich ganz schön. Wenn nur die Berge nicht wären". Und wieder schwiegen sie und setzten dem Toben des Sturms die Kraft unerschütterlicher Geduld entgegen.

Und, liebe Kinder, ihre Geduld wurde belohnt. Denn als sie nach drei Tagen und zwei Nächten am Berggipfel angelangt waren und an Großmutters Hütte klopften, da wurden sie für ihre Mühen reichlich entschädigt. Der Wolf erhielt ein Stück von dem Kuchen, das er dankbar im Vorzimmer verzehrte, und Rotkäppchen bekam in ihren Kamillentee sogar einen Schuss von dem Wein, den sie Großmutter gebracht hatte. Und so weiter ...

Was? Euch wäre das zu wenig gewesen. Ihr seid aber anspruchsvoll! So etwa könnte ein Steinbock das bekannte Märchen erzählen. Jedenfalls finden wir einige typische Merkmale.

Großmutter wohnt weit oben am Berg, aber zufrieden – wie die Steinböcke der Natur, die sich auch in ganz unwirtliche Gegenden zurückziehen. Doch Einsamkeit und hartes Leben machen ihr nichts. Das Einzige, was sie stört: Konvention und Tradition können nicht eingehalten werden,

„ROTKÄPPCHEN UND DER WOLF"

denn man kann doch nicht an zwei Tagen hintereinander feiern, einmal Weihnachten, das nächste Mal Geburtstag!

Der Steinbock ist im Grunde ein friedliches Zeichen. Darum gehen Wolf und Rotkäppchen ohne Probleme miteinander durch den Sturm. Und der schwarze Humor dieses Zeichens hilft ihnen, die Strapazen zu ertragen.

Der Steinbock ist auch ein sparsames und zufriedenes Zeichen. Darum sind die beiden, als sie endlich auf dem Gipfel angekommen sind, mit den spärlichen Gaben zufrieden, die ihnen die lustige Oma großzügigerweise gibt.

Auf den folgenden Seiten erfahren Sie noch einiges mehr über dieses Zeichen!

Der Steinbock und sein Charakter

Um das körperliche Erscheinungsbild des typischen Steinbock-Menschen, in dem sich auch sein Charakter ausdrückt, ist etwas Seltsames. Man könnte am ehesten sagen, es weise in die Vergangenheit.

So vielfältig seine Erscheinungsformen im Einzelnen sein mögen, dieser Typus wirkt, als käme in ihm die Kraft vergangener Generationen in besonders markanter und dauerhafter Weise zum Ausdruck. Diesen Typus verkörperte beispielsweise Albert Schweitzer.

Manche Steinböcke, beiderlei Geschlechts, sind von einer beinahe puppenhaften, „porzellanenen" Schönheit. Bei aller Sanftheit ihrer Züge in der Jugend haben sie doch schon etwas von der kalten Härte des Saturns, was ihnen eine seltsam „unlebendige" Anmut verleiht. Gerade dadurch können sie ungeheuer faszinierend wirken.

Was den Steinböcken, mit nur wenigen Ausnahmen, charakterlich gemeinsam ist, ist ihre starke Gesellschaftsbezogenheit. Das verbindet sie mit dem Zeichen der Waage (zwischen diesen beiden Zeichen werden auch viele Ehen geschlossen), doch die Orientierung des Steinbocks ist auch in dieser Hinsicht eine etwas andere. Er ist sozusagen die „Fleisch gewordene Staatsraison". Er fühlt sich, und sei es unbewusst, als ein Wahrer gesellschaftlicher Normen und Traditionen.

DER STEINBOCK UND SEIN CHARAKTER

Das macht ihn einerseits ungemein seriös. Er wird sich nie „verrückt" kleiden, nie Persönlichkeit durch auffallendes Gehabe herausstreichen wollen, sondern sowohl im äußeren Erscheinungsbild als in der inneren Einstellung unauffällige, korrekte Gediegenheit repräsentieren.

Diese scheinbare Anpassung ist aber kein Zeichen von Charakterschwäche oder Mittelmäßigkeit. Nein, in seiner Seriosität äußert sich ein ganz bestimmter Wille: den Kontakt mit der Vergangenheit zu wahren, damit die Welt vor lauter Stürmern und Drängern nicht ins Chaos verfalle.

Man könnte die Sentenz von Schiller über die edlen Frauen so abwandeln: „Willst du wissen, was sich ziemt, so frage nur bei den edlen Steinböcken an!" Diese Einstellung äußert sich typisch auch im zwischenmenschlichen Kontakt. Der Steinbock liebt Menschen, die Erfahrung haben, aus einer inneren Affinität heraus.

Menschen gegenüber, die es an Klugheit und Besonnenheit mangeln lassen, kann er beißende Ironie hervorkehren. Wessen Denken und Handeln von wenig Erfahrenheit zeugt, dem begegnet er oft mit provokant sarkastischen Bemerkungen.

Er hat auch ein phänomenales Gedächtnis, besonders im Hinblick auf derartige Schwächen seiner Mitmenschen. Wo er Mangel an Seriosität, Falschheit, Duckmäusertum erkennt, dort deckt er durch geschickte, dezente Fragen bald die Schwächen seines Gegenübers auf. Er entlarvt den sich ängstlich Tarnenden und gibt ihn nicht selten seinem

DER STEINBOCK UND SEIN CHARAKTER

beißenden Spott preis. Der Steinbock tut dies nicht aus persönlicher Bosheit heraus, sondern er handelt tatsächlich im Interesse einer übergeordneten Instanz: der eines perfekten Gesellschaftsgefüges.

Darum sind unter den Steinböcken auch so viele gesellschaftskritische Schriftsteller und ätzende Satiriker. In ihnen paart sich die „Altersbosheit des Saturn" mit dem Wunsch, Gesellschaft und Staat mögen nicht durch die ungebührlichen Sonderinteressen von Einzelnen ins Wanken gebracht werden.

Sei es im Beruf oder im Privatleben, in Kunst oder in Politik – Gefälligkeit und Unterhaltung sind nicht, was der Steinbock-Mensch unter Lebenssinn versteht. Er weiß, dass er vor allem Verantwortung zu tragen hat.

Der Beruf ist für ihn Ausdruck des gesellschaftlichen Zusammenhalts. Er identifiziert sich mit der Arbeit als solcher, mit ihrem gesamten Umfeld: Daher wird er auch in dieser Sphäre oft politisch aktiv.

Die gleiche Einstellung hat er zur Ehe und Familie. Es gibt kaum Eltern, die sich so ihrer Verantwortung den Kindern gegenüber noch mehr bewusst sind wie die Vertreter dieses saturnischen Zeichens.

Natürlich sind Steinböcke zuinnerst konservative Menschen. Niemals wollen sie gesellschaftliche Experimente. Verstiegenen Utopien gegenüber kehren sie ihre ganze ironische Skepsis hervor.

DER STEINBOCK UND SEIN CHARAKTER

Die Aufgabe dieses Zeichens ist es nicht, Neues zu erfinden, sondern das Bewährte fortzuführen und mit eiserner Konsequenz und Geduld gewisse Richtlinien einzuhalten.

Nur in krass negativen Fällen führt dies zu Borniertheit. Der Steinbock wirkt vielleicht manchmal starrköpfig, aber er hat einen zu reichen Erfahrungsschatz, als dass er blind wäre für die Bedeutung des Erneuernden, ja selbst des Revolutionären. Er kennt sich jedoch meist selbst zu gut, als dass er nicht wüsste, dass dieses Erneuern eigentlich nicht seine Sache ist.

Wo er im Andersartigen Substanz und echte Werte ortet, dort ist er bereit, diese zu akzeptieren und zu achten. Zutiefst zuwider ist ihm nur alles Hohle und Aufgeblasene. Das bringt mit sich, dass diese Menschen bei aller Verschlossenheit doch dann, wenn sie ihr grundsätzliches, anfängliches Misstrauen überwunden haben, durchaus Freude an Diskussionen und Gedankenaustausch finden.

Sie verhalten sich Unbekannten gegenüber zunächst reserviert-freundlich. Sie warten ab, wie sich der Charakter ihres Gegenübers zu erkennen geben wird und behalten sich eine mögliche Distanzierung vor. Sie sind nicht frei von Misstrauen, aber dieses Misstrauen ist im Grunde nur gesunde Vorsicht.

Auch braucht der Steinbock zu allem einen gehörigen Anlauf. Er entspricht innerlich jenem Gebirglertypus, der auch nach Jahren der Bekannt-

DER STEINBOCK UND SEIN CHARAKTER

schaft und des guten Einvernehmens mit einem „Zugereisten" noch immer nicht im eigentlichen Sinne vertraut geworden ist.

Er knüpft auch gerne im Gespräch an lange Vergangenes an und vermittelt so einen angenehmen Eindruck von berechenbarer Kontinuität.

Er kann warten und er hat eine Engelsgeduld. Er ist ein durchaus zielstrebiger Mensch, doch er kennt keine Hast. Seine Stärke ist der lange Atem, das Durchhaltevermögen und die Ausdauer. Seine Kraftleistungen erschöpfen sich nicht in momentaner, völliger Verausgabung, sondern im stetigen, zähen Festhalten am einmal eingeschlagenen Weg.

Vom Wesen her ist er oft ein so genannter „Spätzünder". Der Schwerpunkt seines Lebens liegt nicht in der Jugend, sondern in den reiferen Jahren und im Alter.

Es kann sein, dass er erst in späteren Jahren heiratet, aber nicht, weil er zuerst eine so freizügige Jugend genossen hätte, sondern weil er zurückhaltend war und nicht viele Kontakte pflegte. Auch stellt er an einen Partner hohe Ansprüche im Hinblick auf innere Werte und gesellschaftliche und charakterliche Untadeligkeit.

Und auch er selbst will erst in materieller Hinsicht etwas aufgebaut haben, bevor er sich der ernsten und verantwortungsvollen Aufgabe der Familiengründung widmet. Er ist der Letzte, der in eine Ehe als Wagnis hineinstolpert.

DER STEINBOCK UND SEIN CHARAKTER

Freilich, Gefühl und menschliche Wärme können bei diesem Zeichen etwas zu kurz kommen. Diese Menschen können nur schwer ihre Empfindungen offen ausdrücken. Sie verschanzen sich oft hinter einem Wall von Formalismen. Ihr Sarkasmus ist bisweilen ein Panzer, um nicht ihr Inneres bloßlegen zu müssen, gerade weil sie tiefer Empfindungen fähig sind. Aber es liegt ihnen nicht, dergleichen wortreich zu bekunden oder sich von Stimmungen treiben zu lassen.

Der Steinbock kann sogar ausgesprochen sentimental sein. Dass er dies zu erkennen gibt, setzt allerdings ein großes Maß von Vertrautheit mit ihm voraus. Sein Wesen ist zwar im Allgemeinen eher trocken und herb, doch auch er hat (ähnlich wie sein Gegenzeichen, der Krebs) einen weichen Kern unter seiner rauen Schale. Das kann sich in künstlerischen, oft musikalischen Vorlieben äußern, aber auch in der Liebe zu Kindern oder Tieren. Woran er sein Herz hängt, davon lässt er nie und nimmer.

Überwältigen können ihn seine Gefühle allerdings kaum. Seine größte Ambition entfaltet er doch in praktischen, sachlichen, materiellen Dingen. Manche Steinböcke sind ausgesprochene Materialisten. Sie wissen nur zu gut, wie wichtig das Geld im Leben ist und setzen einen großen Eifer daran, es zu verdienen und zusammenzuhalten.

Schon früh entwickelt der Steinbock einen guten Geschäftssinn. Dieser kann sogar bei dem ansonsten Besonnenen zu einer Art Leidenschaft werden; doch nur in den seltensten Fällen lässt er

DER STEINBOCK UND SEIN CHARAKTER

sich dabei dazu hinreißen, die Bahnen der Seriosität zu verlassen.

Er misst der materiellen Basis des Lebens einen großen Wert bei. Der Erwerb einer Sache bedeutet ihm sehr viel. Auch hierin aber bevorzugt er das Dauerhafte, Solide und Wertbeständige. Das können Antiquitäten sein oder ein Grundbesitz, Aktien oder Juwelen.

Alte Sachen, wie gering deren materieller Wert auch ist, wirft er nie gerne weg. Er trennt sich von nichts gerne, woran er gewöhnt ist. Sein Heim ist eine wahre Fundgrube an alten Erbstücken, Erinnerungsgegenständen und wertvollen Sammlungen.

Dazu werden Steinböcke nicht selten uralt. Da kann schon einiges zusammenkommen. Sie konservieren sich körperlich und geistig besser als die meisten anderen Menschen.

Der alte Steinbock kann freilich bisweilen recht griesgrämig sein; doch auch dann besitzt er nicht selten eine Art melancholischen Charme, der ihn auch als sehr liebenswürdig erscheinen lässt.

Dieses Zeichen ist nicht frei von Leiderfahrungen, die sich auch in seinen früh schon faltenreichen Zügen eingraben. Manche klagen, keineswegs zu Unrecht, ein Leben lang über diese oder jene Leiden, dennoch aber erreichen sie bei allen Misshelligkeiten ein biblisches Alter, weil sie sich instinktiv nicht verausgaben. Es ist der lange Atem des Saturn, der ihnen diese Durchhaltekraft und

DER STEINBOCK UND SEIN CHARAKTER

diese weise Beschränkung verleiht. Manchmal scheint die geistige Frische bei ihm mit den späteren Jahren noch zuzunehmen. Manchmal kommt es sogar dazu, dass er im Alter jugendlicher wirkt und agiert als in frühen Jahren.

Dem entspricht auf der anderen Seite die Tatsache, dass Steinbock-Kinder meist ernster und besonnener wirken, als es ihrem Alter im Durchschnitt entspricht. Der Steinbock kommt ja schon mit den Gaben des alten Saturn auf die Welt und gibt sie natürlich schon bald zu erkennen.

Das typische Steinbock-Temperament ist phlegmatisch bis melancholisch. Es gibt Steinböcke, die in ihren Gesten, in Gang, Mimik und Reaktionen die ganze bleierne Schwere und lähmende Langsamkeit des Saturn vermitteln. Dazu treten dann meist noch die Verteidigungswaffen der süffisanten Ironie und des sarkastischen Spotts. Damit ist er nahezu unschlagbar.

Mögen andere sich die Köpfe einrennen oder die Wand hochgehen, diese Steinböcke sind durch nichts aus der Ruhe zu bringen. Was andere weder durch Ellbogenkraft noch durch quirlige Umtriebigkeiten schaffen, das vermag der Steinbock alle Mal noch durch seine unerschütterliche Geduld.

Die Stacheln des Spotts werden vorwiegend zur Verteidigung eingesetzt. Ein Gleichnis für diesen Typus ist der Igel, insbesondere im Hinblick auf die Fabel, die von seinem Wettlauf mit dem Hasen erzählt.

DER STEINBOCK UND SEIN CHARAKTER

Der Igel weiß ganz genau, dass er in punkto Schnelligkeit nicht mit dem Hasen konkurrieren kann. Doch er ist nicht nur weise, sondern auch schlau. Durch eine List gelingt es ihm, zusammen mit seiner Frau den dummen und hochmütigen Hasen zu täuschen und dazu zu bringen, dass er sich selbst schließlich zu Tode hetzt.

Der Steinbock liebt im Allgemeinen das Ernste mehr als das Lichte und Freundliche. Nach außen hin auf dezente Gediegenheit bedacht, kann er in seiner Privatsphäre durchaus insofern Ausgefallenes bevorzugen, als es ihm oft gar nicht düster und altertümlich genug zugehen kann. Nicht nur, dass er dunkle, massive, schwere Einrichtungsgegenstände liebt, auch im Hinblick auf Autos faszinieren ihn am meisten die Oldtimer.

Die Lieblingsfarben des Steinbocks sind oft Schwarz und Braun.

Höchst merkwürdig ist die Tatsache, dass sich unter diesem Zeichen manche berühmte Heilige finden.

Es ist anscheinend weniger eine Anlage zur Mystik, als vielmehr die Fähigkeit dieses Zeichen zu erdulden, was es zu dieser religiösen Vorbildhaftigkeit prädestiniert. Die christliche Gnadenwahl scheint insbesondere solche zu treffen, die am meisten mit der Last der Materie zu kämpfen haben, die ein Joch zu tragen haben.

Damit kommen wir nun auch auf die Steinbock-Frau zu sprechen, denn unter den Heiligen finden

DER STEINBOCK UND SEIN CHARAKTER

wir auch solche bekannte Gestalten wie die Jungfrau von Orleans oder die Heilige Bernadette Soubirous, das Mädchen von Lourdes. Der Steinbock ist ein so genanntes weibliches Zeichen. Es ist aufnahmebereit, passiv, von nachhaltiger Empfindung.

Saturn, der in diesem Zeichen herrscht, ist dagegen männlich, zwar nicht stürmisch-aggressiv wie Mars, aber hart und nüchtern. Der „Alte Mann" Saturn scheint nichts anbieten zu können, was den sinnlichen Reiz des Weiblichen ausmacht. Die Herrschaft im weiblichen Zeichen jedoch bringt es mit sich, dass er sich gerade für das spezifisch Weibliche ungemein vorteilhaft auswirkt.

Die typische Steinbock-Frau ist das Gegenteil des Marylin Monroe-Typs (Widder/Zwilling). Das heißt nicht, dass es ihr an erotischen Reizen mangelt. Im Gegenteil. Was aber an der Steinbock-Frau fasziniert, ist die Tatsache, dass sich bei ihr körperliche Attraktivität mit einer geradezu eisig ernsten Seele verbindet.

Gerade das verdreht dem Eroberertyp ganz und gar den Kopf. Mit keiner Frau hat es der Charmeur so wenig leicht wie mit dieser. Und wenn er glaubt sie zu „besitzen", dann ist eher er der Besessene (in jedem Sinne des Wortes). Die Steinbock-Frau Marlene Dietrich verkörpert klassisch diese Qualitäten des Saturnzeichens.

Der Film „Der blaue Engel" wurde deshalb zum Mythos, weil er der Mythos saturnischer Weiblichkeit ist. Sie kann wirken wie der skorpionische

DER STEINBOCK UND SEIN CHARAKTER

Vamp, aber sie ist es nicht. Ihre erotische Faszination und die Tragik, die sich dadurch an ihre Fersen heften kann, ist im Grunde die des Missverständnisses der Männer. Diese wollen sie gerne in die Rolle zwingen, „von Kopf bis Fuß auf Liebe eingestellt" zu sein.

Doch die Steinbock-Frau ist kein „Weibchen". Sie ist alles andere als ein Dornröschen, das nur darauf wartet, dass der Prinz sie wachküsst – sie weiß genau, was sie will. Und sie interessiert sich eigentlich weit mehr für Wissenschaft und Philosophie oder für Geschäft und Karriere als für das Verführen und Verführtwerden.

Da sie aber sehr klug ist, hat sie, wenn es sein muss, nichts dagegen, die Verliebtheit der Männer auszunützen. Denn diese sind ihr gerade deshalb so verfallen, weil sie spüren, dass diese Frau mehr als schön und begehrenswert ist.

Sie sind irritiert und fasziniert zugleich von der Tatsache, dass sie es mit einer Frau zu tun haben, die ihnen in punkto „männlicher" Qualitäten oft turmhoch überlegen ist. Kein Wunder, dass Steinbock-Frauen überdurchschnittlich oft Karriere machen.

Der berühmte (oder auch berüchtigte) Ehrgeiz dieses Zeichens wird nur dann zu rücksichtslosem Tyrannentum und kaltem Machtstreben, wenn die eine Seite des Saturn, des kalten Titanen, der den Vater tötete, Dominanz erlangt.

Saturn ist aber auch jener aufbauende alte König von Latium. Seinem Janusgesicht entspricht eine

DER STEINBOCK UND SEIN CHARAKTER

Verbindung von Güte und Strenge, von tiefer Empfindung und kalter Unerbittlichkeit.

Wenn der Steinbock-Mensch beide Seiten des Saturnprinzips entwickelt, so wird er weder nur sentimental-phlegmatisch oder kalt-ehrgeizig sein, sondern er kann dann auch schon in jüngeren Jahren so etwas wie die Heiterkeit des Alten ausstrahlen.

Sein Hang zur Satire verbindet sich mit einem humoristischen Blick für menschliche Schwäche. Sein Humor hat etwas „Bärbeißiges", aber er ist gerade dadurch oft von umwerfender Komik. Es wirkt ja auch ein Witz am stärksten, wenn er mit der Miene unberührten Ernstes vorgebracht wird.

Der Steinbock kann abwarten, bis seine Zeit (wieder) gekommen ist. Er setzt sich nie durch direkten Angriff durch, sondern seine Waffen sind Klugheit, gepaart mit Untadeligkeit.

Angreifer bringen ihn nie ins Wanken. Wenn es sein muss, rollt er sich ein wie der Igel und lässt die Meute sich an den Stacheln seines Spotts wund beißen. Und er hat die Geduld abzuwarten, bis seine Feinde sich in den Netzen ihrer eigenen Quirligkeit gefangen haben.

So wird gerade er, der vielleicht in früheren Jahren Schüchterne, der Spätzünder, der Unscheinbare, je älter er wird, desto angesehener und Unschlagbarer. Da er zumeist auch noch ein hohes Alter erreicht, bleibt er über die meisten Konkurrenten Sieger, mögen diese noch so dynamisch und kampflustig gewesen sein.

Der Steinbock im Beruf

Dieses Zeichen, das wohl sehr verinnerlicht und tiefer Empfindungen fähig ist, ist doch keineswegs für Gemütsbewegungen geschaffen. Die Sphäre der Arbeit nimmt daher bei ihm vielfach jene Stelle ein, die bei anderen für zwischenmenschliche Gefühle und Leidenschaften bereitgehalten wird.

Die Gesellschaft, der sich der Steinbock verpflichtet fühlt, ist auch nicht mit Geselligkeit zu verwechseln. Er kann sehr gut allein arbeiten, er braucht kein „Teamwork". Dadurch ergibt sich die Situation, dass in einer Arbeitswelt, wo Zusammenarbeit groß geschrieben wird, der Steinbock weniger leistet, als dies seinen Kräften und Fähigkeiten entspricht.

Er drängt sich bei allem Ehrgeiz auch keineswegs gerne ins Rampenlicht, jeder Bluff ist ihm zutiefst zuwider. Daher werden Steinböcke oft unter ihrem Wert gehandelt. Man verkennt sie, weil man Unscheinbarkeit auf den ersten Blick mit Durchschnittlichkeit verwechselt.

Doch gerade in diesem Zeichen schlummern titanenhafte Kräfte. Seine größten Stärken im Beruf ergeben sich unmittelbar aus seinem Charakter: Ausdauer, Härte, Zuverlässigkeit, Anständigkeit. Der Steinbock kann warten, bis man seine Fähigkeiten erkennt und würdigt; und oft muss er auch lange warten, bis eine oberflächliche Umwelt begreift, was sie an ihm hat.

DER STEINBOCK IM BERUF

Da ihm ein geregelter Arbeitsablauf und der Zwang der Pflicht nicht lästig, sondern sogar geradezu erwünscht sind, bevorzugt er deshalb auch nicht unbedingt einen freien Beruf. Er kann sich ein- und unterordnen, aber er will dabei auch Ruhe und die Möglichkeit zur Konzentration haben. Ein lauter, hektischer Betrieb, dauernde Veränderung und viele Menschen um ihn herum stören ihn beträchtlich.

In gewisser Hinsicht ist das ihm gemäße Arbeitsklima das der Mönchszelle, in der er einsam und beharrlich Zug um Zug ein großes Werk vollendet. Er kann sich in seine Arbeit vertiefen, und dennoch ist sein Tagesablauf streng geregelt.

Daher entspricht ihm auch die Tätigkeit des Beamten im alten Sinn. In der heutigen Arbeitswelt läuft ihm einiges einerseits zu nervös, andererseits zu oberflächlich und schnell ab. Auf jeden Fall ist es der Staatsdienst, bis hinauf zu den höchsten Positionen, der seine Domäne ist. Er will und muss sich hinaufarbeiten, sprunghafte Karriere erstrebt er gar nicht.

Die Zeit spielt für ihn eine große Rolle. Er muss in einem Betrieb heimisch werden können, muss alle Stufen nehmen, um zu seiner vollen Entfaltung gelangen zu können. Hat er die oberste Stufe erreicht, dann übertrifft ihn kaum einer an Erfahrung und Sachverstand.

Er wechselt nicht gerne den Arbeitsplatz. Mobilität ist nicht seine Stärke. Und doch gibt es ein Gebiet, in dem er sogar relativ schnell heimisch

DER STEINBOCK IM BERUF

und aktiv wird: die Politik. Eigentlich tritt er ja nicht gerne an die Öffentlichkeit, aber um seiner abstrakten gesellschaftlichen Bestrebungen willen nimmt er sogar das in Kauf.

Er kann Menschen kaum mitreißen, er liebt keine Sensationen und wird deshalb auch in der spektakulären Medienpolitik oft übergangen. Doch das kann auch von Nutzen sein! Ein langsamer stetiger Aufstieg ist gerade dort fast unvermeidlich, wo sich Eintagsfliegen mit Gewalt ans Licht drängen, um bald verbrannt zu werden.

Der Steinbock ist nicht unbedingt ein Zeichen künstlerischer Aktivität. Am ehesten tendiert er zur Bildhauerkunst (der harte Stein des Saturn) oder zur Graphik (schwarz-weiße Linearität, Abstraktion). Auch hierin bewährt sich sein Hang zur Sozialkritik und zur Satire.

Von den großen Steinbock-Dichtern ragt neben Grillparzer eine Frau heraus: Annette von Droste-Hülshoff.

Die Steinbock-Frau ist sehr berufsbezogen. Es kann sein, dass sie das Familienleben ihrer Karriere opfert. Wir finden unter ihnen eine Vielzahl von hochberühmten Schauspielerinnen. Das wundert uns nicht, wenn wir uns erinnern, was im Kapitel „Charakter" von der Steinbock-Frau gesagt wurde.

Von den selbständigen Berufen sind vor allem solche Steinbock-bezogen, die mit Immobilien und fest verwurzelten Strukturen zu tun haben. Der Landwirt gehört hierher, der Grundstücksbesitzer, der Makler, der Baumeister, der Architekt und dergleichen.

Typisch ist auch der Beruf des Bergmanns: harte Arbeit am Gestein, tief unten in der Erde, fern vom Lichte der Sonne – ebenfalls ein Thema des Saturns, des Gegenspielers des Sonnenprinzips.

Eigentlich kann der Steinbock in jedem Beruf zu einer Art Instanz werden, die auch in heikelsten Situationen kühlen Kopf bewahrt, und deren Rat hoch geschätzt und wertvoll ist. Er hat einen untrüglichen Sinn für das, was vernünftig ist.

Stefan Zweig hat uns in seiner Biographie Joseph Fouché's ein exemplarisches Bild der Laufbahn eines saturnischen Charakters vermittelt.

Im Prinzip kann man sich das berufliche Schicksal jeden typischen Steinbocks so vorstellen: Er legt Wert auf solide familiäre und häusliche Verhältnisse. Bei der Eheschließung leiten ihn vor allem sachliche Erwägungen. Damit ist die Basis für finanzielles und materielles Wohlergehen geschaffen. Im Beruf kommt ihm dies ebenfalls sehr zugute, denn man vertraut dem, dessen Privatleben untadelig ist. Wie Fouché in den Wirren der Revolution kühlen Kopf behält und genau abschätzen kann, wie die allgemeine Entwicklung verläuft, so wendet auch der Steinbock sich nicht aus momentaner Begeisterung irgendwelchen Tagesgrößen rückhaltslos zu, sondern er wartet ab, ob diese sich auch wirklich durchsetzen werden. Er dient auch der Macht nicht, ohne sich immer die Möglichkeit zum Rückzug offen zu lassen.

DER STEINBOCK IM BERUF

Dagegen macht er sich unentbehrlich durch seinen Arbeitswillen und die Erfahrung, die er sich aneignet. Kommen dazu noch, wie bei Fouché und auch allgemein beim konkreten Einzelmenschen, zusätzliche Begabungen von anderen Zeichen, so kann er geradezu unschlagbar werden.

Als Vorgesetzter wird er kühle Distanz hervorkehren. Dabei ist man aber davor gefeit, dass er sich durch persönliche, emotionale Sympathien dazu verleiten lässt, Günstlinge hochkommen zu lassen. Er ist unbestechlich und streng, ebenso aber auch objektiv und gerecht.

Dem Steinbock als Kollegen kann man vertrauen, wenn auch er einem vertraut und sein anfängliches Misstrauen überwunden ist. Begeisterung und Leidenschaft kann man von ihm kaum erwarten, dafür Verlässlichkeit, Rat und Tat.

Mit einer Steinbock-Frau am Arbeitsplatz hat man einen Haupttreffer gemacht. Sie kann leicht zur Vorgesetzten werden und stellt ebenso Ihren „Mann" wie andere typische Steinböcke.

Die in diesem Zeichen Geborenen wissen im Allgemeinen schon während der Schulzeit, für welchen Beruf sie sich einmal entscheiden wollen. Man sollte ihnen in dieser Wahl nicht dreinreden. Denn der Saturnier besitzt ja gleichsam ein reiches Erbgut an Erfahrung und Weisheit. Seine Entschlüsse sind schon im jugendlichen Alter wohl bedacht und auf die realen Anforderungen und das praktische Leben abgestimmt.

Der Steinbock in der Freizeit

Urlaub:
Sie brauchen einen Urlaub, bei dem Sie etwas leisten oder ein selbstgewähltes Ziel erreichen können. Das könnte beispielsweise ein Kurs sein, bei dem sie eine handwerkliche Fertigkeit erlernen.

Oder aber Sie erklimmen einen Berg und ritzen Ihren Namen ins Gipfelkreuz.

Meist sind Sie allein mit sich selbst recht zufrieden. Sie brauchen also im Urlaub nicht unbedingt Gesellschaft. Und wenn Sie jemand begleitet, dann sollte er/sie Ihr Durchhaltevermögen, Ihre Bescheidenheit und Ihre Zähigkeit teilen. Sonst gibt's nur Ärger.

Alle Landschaften oder Gegenden, die einsam, hart und öde sind, erfreuen Ihr Herz. Ob das ein Gletscher ist, den Sie durchqueren, eine leblose Karstlandschaft, einsame Schluchten oder – auch das gibt's! – ein verlassener Friedhof, Sie werden sich wohl fühlen.

Aber natürlich sind auch Bildungsurlaube angesagt. Wie wär's mit einem Meditationsseminar bei einem indischen Guru hoch oben in den Bergen Tibets?

Hobbys:
Sport ist zwar nicht gerade Ihre Lieblingsbeschäftigung, aber wenn Sie Sport betreiben, dann sollte es einer sein, bei dem es auf Zähigkeit und Durch-

DER STEINBOCK IN DER FREIZEIT

haltevermögen ankommt und den man auch allein betreiben kann. Marathonlauf ist eine extreme Steigerungsform des gewöhnlichen Waldspaziergangs. Und beim Wintersport haben Sie eher Talent zum Langlauf als zum Slalom.

Oder wie wär's mit Bergwandern, Bergklettern oder Bersteigen? Falls Sie das Extreme suchen, können Sie ja auch senkrechte Kamine ohne technische Hilfsmittel hochklettern, wie Ihr Wappentier. Oder Sie nehmen dafür eine normale Hauswand. Vielleicht tut's auch der Rathausturm. Aber vorher Genehmigung einholen!

Da Ihnen die Arbeit an sich Freude macht, könnten Sie auch irgendeine sinnvolle Beschäftigung als Hobby wählen. Wenn diese Tätigkeit mit Steinen oder anderen festen Materialien zu tun hat, umso besser.

Alle zähen Materialien liegen Ihnen, also auch Leder. Vielleicht versuchen sie sich mit Gürteln oder anderen Gebrauchs- und Kunstgegenständen.

Als bewahrendes Zeichen sind Sie auch ein guter Sammler. Kristalle in jeder Form, Mineralien und Fossilien zu sammeln, macht Ihnen große Freude. Dabei können Sie auch noch etwas lernen. Vielleicht sind Sie sogar imstande, diese Steine zu bearbeiten und daraus Schmuckstücke zu bereiten.

Schließlich lieben sie als Steinbock auch die Natur. Darum ist ein eigener Garten das Richtige für Sie. Bauen Sie ihn zu einem Alpinum aus oder ordnen Sie Steine im japanischen Stil an!

Der Steinbock und seine Gesundheit

Steinböcke sind zähe Wesen und werden meist recht alt. Das heißt aber nicht, dass sie frei von Krankheiten bleiben. Sie leiden an vielem, unterdrücken oder überbrücken manches, und führen oft das Leben eines Märtyrers.

Wenn sie krank werden, dann trifft sie meist eine chronische Krankheit, die schon lange reif zum Ausbrechen war. Oft sind Sorgen oder eine Art innerer Verhärtung daran Schuld.

Und so zäh, wie sie sich ans Leben klammern, so zäh klammern sie sich auch an ihre Leiden. Darum ist es gar nicht einfach, sie wieder gesund zu machen. Manchmal hat man sogar den Eindruck, dass sie gar nicht gesund werden wollen und stolz auf ihre Leiden sind.

Richtig behandeln kann man Steinböcke gar nicht. Besser wäre bei ihnen eine ständige Krankheitsvorbeugung durch richtige Ernährung und angemessene Lebensweise. Dann könnten viele Krankheiten und Leiden bis ins hohe Alter vermieden werden.

Die Krankheiten des Steinbocks

Dem Zeichen Steinbock unterstehen die Körpergelenke, in erster Linie das Knie. Ganz allgemein neigt dieses Zeichen zur Austrocknung, wodurch natürlich besonders die Gelenke betroffen werden. Eine

DER STEINBOCK UND SEINE GESUNDHEIT

allgemeine Versteifung und Verhärtung im seelischen Bereich strahlt auch auf den Körper aus.

Darum kommt es bei Steinböcken oft zu Erkrankungen, die seine Bewegungsfähigkeit einschränken. An erster Stelle stehen Kniegelenksleiden sowie Entzündungen und andere Störungen der übrigen Gelenke. Im Hüftbereich kann es zu rheumatischen Erkrankungen kommen, die Schulter- und Handgelenke können schwach werden, die allgemeine Bewegungsfähigkeit wird beeinträchtigt.

Weil Steinböcke so viel zurückhalten, sammeln sich in ihnen auch Gifte an, die den Körper schwer verlassen können. In diesem Fall greift die Natur zur letzten Hilfe, der Giftausscheidung über die Haut. Folglich neigen Steinbock-Menschen oft zu Hautleiden: Ekzeme, Gürtelrose, nässende Flechten, trockene, rissige Haut.

Manche Steinbock-Erkrankungen sind auch psychisch bedingt. Eine starre Weltanschauung, eine unflexible Haltung den Menschen gegenüber, Zurückhaltung und Schweigsamkeit führen dazu, dass Steinböcke oft ihren Ärger hinunterschlucken. Und der schlägt sich irgendwann auf den Magen, sodass es auch zu Magenverstimmungen und Verdauungsstörungen kommen kann.

Was der Steinbock für seine Gesundheit tun kann

Angemessene Lebensweise:
Jede einseitige Lebensweise ist schlecht. Und die Starrheit der Seele wirkt sich auch als Starr-

DER STEINBOCK UND SEINE GESUNDHEIT

heit des Körpers aus. Steinböcke sollten daher flexibel bleiben, zu den Menschen offen sein und sich immer ihre Fröhlichkeit bewahren. Die Natur meint es ohnedies gut mit ihnen: Keiner wird so alt wie sie.

Psychosomatische, also seelisch bedingte Erkrankungen sind leicht zu vermeiden, wenn man den Menschen nicht nach einem starren Schema gegenübertritt, sondern alle Menschen als Gleich und Gleich liebenswürdig betrachtet. Oder aber man macht seinem Ärger gleich Luft und spart sich dadurch Magengeschwüre.

Auch den falschen Hang zum Märtyrertum, zum heroischen Leiden, sollten Steinböcke aufgeben. Das Motto sollte lauten: Lieber fröhlich leben als heroisch sterben!

Ernährung:
Als sparsame Menschen ernähren sich Steinböcke nur allzu oft von selbstgewählter Gefängniskost. Sie leben sozusagen von Brot und Wasser. Das hat zwar den Vorteil, dass man nicht dick wird, aber möglicherweise fehlen dem Steinbock dadurch wichtige Mineralstoffe.

Auch neigen Menschen dieses Zeichens dazu, auszutrocknen. Sie sollten daher auf genügend Flüssigkeitszufuhr achten. Mineralwasser, Kräutertees, Milch, Gemüsesäfte, Bier und Wein in Maßen sind für sie ebenso wertvoll wie eine ausreichende Ernährung. Und wenn sie fasten, dann bewusst, nicht aus Sparsamkeit oder weil sie es so gut aushalten.

DER STEINBOCK UND SEINE GESUNDHEIT

Therapien:
Diät und Fasten, aber mit reichlich Flüssigkeit, ist eine gute Therapie für dieses zähe Zeichen. Heimatliche Kräuter, Pflanzen und Wurzeln, als Gemüse und Tee genossen, bringen den Steinbock ins Gleichgewicht und schaffen die dem Körper schädlichen Gifte fort.

Als härtere Therapien sind Massagen, Körpertherapien und chiropraktische Behandlungen angezeigt.

Nicht zuletzt braucht der Steinbock eine optimistische und fröhliche Weltanschauung. Die richtigen Atemtechniken, Meditation, aber auch leichter Sport wie Schwimmen und Spazierengehen können ihm dazu verhelfen.

Das homöopathische Mittel für den Steinbock ist Kalzium phosphoricum. Als Tabletten in der Potenz D6 ein- bis dreimal täglich regelmäßig genommen, kann es Wunder wirken.

Der Steinbock als Kind

Es ist das Vorrecht jeder Mutter, ihr Baby bildschön zu finden. Männer sind möglicherweise weniger auf Äußerlichkeiten bedacht. Trotzdem dürfte sich so mancher frisch gebackene Vater angesichts seines winzigen Steinböckleins fragen, ob das denn wirklich sein Kind ist. Denn in vielen Fällen vermittelt der neue Erdenbürger den Eindruck, als hätte er nicht 90 Lebensjahre vor, sondern bereits hinter sich.

Es ist Saturn, der dieses Zeichen beherrscht und der seinen Kindern neben Langlebigkeit oft greisenhafte Züge verleiht. Aber das ändert sich mit den Jahren von selbst. Und immerhin sind sogar so schöne Menschen wie Marlene Dietrich und Cary Grant mit runzeligen Steinbock-Gesichtern zur Welt gekommen.

Allerdings braucht das Zeit, aber das ist etwas, was Ihr Sprössling ohnehin im Überfluss zu haben scheint. Erwarten sie daher nicht, dass seine Entwicklung mit Riesenschritten voranschreitet: Es dauert schon eine Weile, bis er sich endlich entschließt, aufzustehen und zu laufen.

Auch seine ersten Zähnchen bekommt er wahrscheinlich etwas später als andere Kinder und keineswegs ohne Schwierigkeiten – wie überhaupt Zahnprobleme ein Übel sind, mit dem Steinböcke zeitlebens zu kämpfen haben. Von diesen Wehwehchen abgesehen ist Ihr Kind jedoch ziemlich widerstandsfähig und ausdauernd.

DER STEINBOCK ALS KIND

Es gehört nicht zu den Stimmgewaltigen, die so lange brüllen, bis die ganze Nachbarschaft zusammenläuft. Im Gegenteil: Seine zurückhaltende Art macht es zu einem angenehmen Hausgenossen, der auch für moderne Wohnungen mit mangelhafter Schallisolierung bestens geeignet ist. Es ist ruhig, beinahe schon abgeklärt und es ist überraschend geduldig, wenn es sich einmal nicht ganz wohl fühlt.

Ihre fixe Tageseinteilung bringt es kaum durcheinander. Es fügt sich widerstandslos ein, passt sich an, ist angepasst – mag dieses Wort auch in den letzten Jahren etwas in Misskredit geraten sein.

Für Ihren kleinen Steinbock bedeuten Regeln und Normen nicht etwa Zwang und Unterordnung unter ein Diktat, das einem von vornherein zu missfallen hat. Sie sind ihm vielmehr Stütze und Sicherheit und sollten deshalb streng eingehalten werden.

Er ist ein kleines Gewohnheitstier, und nichts kann ihn mehr verwirren als eine plötzliche Änderung seines Tagesablaufs, seiner Umgebung oder seiner Bezugsperson.

Diese Einstellung ist Ihrem Steinbock-Kind angeboren und es behält sie bei. Es erobert auch seine kleine Welt nicht stürmisch und begierig nach Neuem, sondern zögernd, Schritt für Schritt. Alles, was es nicht kennt, betrachtet es skeptisch und akzeptiert es erst nach gründlicher Prüfung. Wundern Sie sich nicht, dass dazu mitunter auch Ihre Verhaltensweise gehört.

DER STEINBOCK ALS KIND

Eltern, die zu gelegentlichen Herumalbern oder zu unerwarteten Heiterkeitsausbrüchen neigen, kann ein kleiner Steinbock ganz schön irritieren. So winzig der Knirps auch sein mag, es hat den Anschein, als missbillige es solchen Mutwillen. Sein ernster und nachdenklicher Blick wirkt wie ein Tadel und hat einen geradezu einschüchternden Effekt.

Ihren eigenen Übermut und Ihre Ausgelassenheit suchen Sie an Ihrem Steinbock-Kind vergeblich. Es gehört zu einer stilleren, beinahe etwas verschlossenen Sorte, die auch oft abseits steht, während andere Kinder umhertollen.

Das liegt nicht nur an seiner Schüchternheit, sondern auch an seiner mangelnden Bewegungsfreude. Gegen beides lässt sich jedoch etwas unternehmen. Hören Sie nicht auf, Ihren kleinen Steinbock zum Spielen im Freien zu animieren. Obwohl er im Grunde lieber zu Hause sitzt, braucht er viel frische Luft und Bewegung, die seinen Körper kräftigt.

Und falls seine geringe Spontanität ihn hindert, Bekanntschaften zu schließen, müssen eben Sie einspringen. Knüpfen Sie die Kontakte, bringen Sie ihn mit anderen Kindern zusammen. Ist er erst einmal in einer Gruppe „warm" geworden, setzt er sich auch ganz gut durch.

Nicht selten können Sie sogar beobachten, dass er dort eine Art Vertrauensstellung, ja Führerrolle einnimmt. Die strebt er auch an. Obwohl er das nie zu erkennen geben würde, schmeichelt sie

DER STEINBOCK ALS KIND

seinem Ehrgeiz und seinem verborgenen Stolz. Er ist sich dessen vielleicht gar nicht bewusst, aber es macht ihn glücklich, wenn andere nach seiner Pfeife tanzen, wenn er derjenige sein darf, der die Spielregeln vorgibt.

In der Schule verhält es sich nicht anders. Es fällt ihm zwar nicht leicht, die Geborgenheit des Elternhauses hinter sich zu lassen. Die Schulatmosphäre mit den vielen neuen Gesichtern und Eindrücken verwirrt ihn und lässt ihn sich bescheiden im Hintergrund halten.

Er fällt nicht auf, ist artig, gehorsam und pflichtbewusst und respektiert die neuen Autoritäten, vom Schuldirektor angefangen bis herunter zum Schulwart.

Daran könnte vermutlich auch eine antiautoritäre Erziehung nicht das Geringste ändern, denn dieses angepasste Verhalten entspringt seiner angeborenen durch und durch konservativen Einstellung.

Dahinter steht allerdings ein brennender Ehrgeiz, der ihm sagt, wo der Weg nach oben geht. Und dort, wo es wegen seiner Leistungen gelobt wird oder wo ihm aufgrund seiner Vertrauenswürdigkeit kleinere Ämter übertragen werden, blüht Ihr Steinbock-Kind förmlich auf.

Beim Lernen hat es gegenüber anderen Kindern den angeborenen Nachteil, dass es das Gehörte nur langsam auffasst und eine Weile braucht, um es zu verarbeiten.

DER STEINBOCK ALS KIND

Lässt man ihm dazu genügend Zeit, sitzt das Wissen allerdings unverrückbar fest. Deshalb werden Sie und natürlich auch seine Lehrer mit dem kleinen Steinbock schon ein wenig Geduld haben müssen. Er entschädigt Sie dafür mit gutem Benehmen, ordentlich geführten Schulheften und pünktlich erledigten Hausarbeiten.

In die Situation, andere Eltern kniefällig um Entschuldigung bitten zu müssen, weil Ihr Steinbock deren Sprösslingen die Nase ein- oder einen Zahn ausgeschlagen hat, werden sie mit Sicherheit nie kommen. Denn Ihr Knirps führt sich nicht nur wie ein Erwachsener auf, sondern ist in gewisser Hinsicht wirklich erwachsen.

Loben Sie ihn dafür! Sagen Sie ihm, wie froh sie sind, ein so verständiges und vernünftiges Kind zu haben. Es braucht dieses Lob dringender als ein neues Spielzeug oder eine Doppelportion Schokoladeneis. Es baut ihn auf und stärkt ihm ungemein das Rückgrat. Auf das andere kann er zur Not verzichten, denn er ist genügsam und bescheiden.

Wenn Sie ihm klarmachen, dass Sie nicht auf Rosen gebettet sind, hat er nicht einmal dann Einwände gegen den Wintermantel vom Vorjahr, wenn er eine Sie ist. Es sind noch alle Knöpfe dran und abgestoßen ist er auch nicht, das genügt. Und dass er blau ist, obwohl in diesem Winter jedermann Grün trägt, stört ihn wenig.

Von modischem Trends hält er ohnehin nicht viel und er ist fast völlig immun gegen diverse Strömungen, die unter den Begriff „Zeitgeist" fallen.

DER STEINBOCK ALS KIND

Ein Urlaub in der Karibik, bloß weil zwei oder drei aus seiner Klasse in den ersten Ferien dort gewesen sind? Das käme ihm überhaupt nicht in den Sinn. Stammt die Idee von Ihnen, na schön. Ihr kleiner Steinbock wird sich fügen, weil er es gewohnt ist, Ihre Wünsche zu respektieren. Aber im Grunde ist ihm der Bauernhof in dem Bergdorf, wo Sie nun schon jahrelang hinfahren, viel lieber. Dort weiß er wenigstens, woran er ist. Er kennt dort jeden, und alle sind eigentlich wie eine große Familie.

Apropos Familie: Sie müssen wissen, dass ihr Sprössling einen ausgeprägten Familiensinn besitzt. Andere Kinder wehren sich mit Händen und Füßen, wenn es darum geht, Ihrer Großtante zum Geburtstag zu gratulieren. Nicht so Ihr Steinbock. Ihn müssen Sie nicht drängen, eher erinnert er Sie daran, falls Sie das bewusste Datum zu vergessen drohen.

Er langweilt sich auch nicht in dieser Geburtstagsgesellschaft, obwohl sie fast zur Gänze aus Erwachsenen besteht, sondern verfolgt alle Gespräche mit größtem Interesse. Er bringt es sogar fertig, sich stundenlange Klagen über Gicht und Rheuma ohne Wimpernzucken anzuhören. Es ist ihm wichtiger, unter den „Großen" sein zu dürfen, als zuguterletzt ein Fünfmarkstück zugesteckt zu bekommen.

Das Geld ist ihm natürlich ebenfalls willkommen. Dass er es nicht leichtfertig ausgibt, ist beinahe selbstverständlich: Aufsteller von Kaugummiautomaten und dergleichen sind an Steinböcken noch

DER STEINBOCK ALS KIND

nie reich geworden. Eher wird Ihr Kind es selbst, wenn es erwachsen und dort ist, wo ein Steinbock eigentlich immer hin will: nämlich ganz weit nach oben!

Der Weg dorthin ist lang. Es wird manchmal den Mut verlieren, wird niedergeschlagen und deprimiert sein. Dann sollten Sie es unbedingt aufmuntern und aus seiner melancholischen Stimmung herausholen. Schon ein paar gute Worte vermögen da sehr vieles.

Glauben Sie nur ja nicht, sie wären in den Wind gesprochen, weil Ihr reservierter Steinbock keine Miene verzieht. Eines Tages wird er sich dann erinnern und Ihnen dafür danken. Dann dürfen auch Sie ein bisschen klagen. Und Ihr Steinbock wird Sie trösten und Ihnen ein liebevoller und geduldiger Zuhörer sein.

Der Steinbock in der Liebe

Der Steinbock-Mann in der Liebe

Er ist das pure Gegenteil von einem feurig intensiven Liebhaber. Kühl zurückhaltend und introvertiert berechnend steht er diesem Lebensthema skeptisch, zuweilen argwöhnisch gegenüber.

„Was soll denn diese ganze Gefühlsduselei, wenn man vor lauter unausgegorenen Emotionen blind und taub für die wahren Belange dieser Welt wird?"

Er hat darin nicht so ganz unrecht, wie man es meinen sollte, produziert doch der menschliche Organismus bei heftigen Liebeswallungen bestimmte Hormone, so genannte Endorphine, die einem in einen regelrechten Glückstaumel und Gefühlsrausch fallen lassen und eine gewisse Süchtigkeit und Abhängigkeit von diesen körpereigenen, selig machenden Drogen bewirken.

Kein Wunder also, wenn Männlein und Weiblein mit verklärtem Blick einander in die Arme fallen, um den Tanz des Lebens zu inszenieren. Sicherlich wird unser ehrbarer und vernünftiger, strenger Steinbock-Mann beim Anblick einer verführerischen Frau ebenso in Erregung und körperlichen Aufruhr verfallen wie jeder andere biologisch gesunde Mann, doch seine kosmischen, sonnenbezogenen Wesens- und Prägekräfte werden diese körperlichen und seelischen Erfahrungsmomente immer unter einer mentalen, d. h. vergeistigten Aufsicht und Kontrolle zu halten versuchen.

DER STEINBOCK IN DER LIEBE

Diese oberste streng und diszipliniert arbeitende Kontrollinstanz, die unter der Maxime des „Ich mache mir zunutze" waltet und schaltet, ist im Grunde die allumfassende Konzentrationskraft des Steinbock-prägenden Planeten Saturn.

Laut klassischer Astrologie ist er der alte Miesepeter, der den Menschen Leid und Not ins Haus schickt, um zu sehen, wie sie damit umgehen können. Es kommt doch jeder Mensch nackt und ohne einen Pfennig Geld auf diese Welt, und er verlässt sie ebenfalls wieder nackt und besitzlos. Saturn ist ein Sinnbild für den Tod, eine Konzentrationskraft, die das Leben und all seine Vital-Kräfte stark zu konzentrieren versucht.

So verfährt im Grunde auch ein Saturn-geprägter Mensch mit der Liebe: Immer darauf wartend und scharf beobachtend, wie sich der helle, unbedarfte, kindliche Schein einer keimenden Liebesflamme wohl auf Dauer verhalten wird. Wird sie mich und meine ganze mühsam aufgebaute Persönlichkeit restlos verglühen oder kann ich mich gefahrlos an dieser netten und zu sonst nichts taugenden emotionalen Flamme der Leidenschaften ein wenig aufwärmen?

So kehren Trauer und Zweckpessimismus ein in die Herzen der Liebenden. Die harte und unbarmherzige Konzentrationskraft unseres Steinbock-Mannes wird auch eine wilde und stürmische Partnerschaft in ein so starres konzentriertes Extrakt emotionsloser, geistiger Kontrolle und Prinzipien verwandeln, dass er es gefahrlos mit sich herumtragen kann. Dieses Extrakt kann er dann,

DER STEINBOCK IN DER LIEBE

wann er will, wieder ein wenig zu einer kleinen Flamme heranlodern lassen, um sich gegebenenfalls daran zu erwärmen. So muss er sich nicht in die Gefahr dieser unkontrollierbaren, wilden Ekstase einer alles hinwegbrennenden Liebesaffäre begeben.

Unser Steinbock-Mann ist in Sachen Liebe eher ein Kalkulator, denn ein Casanova. Doch wir sollten ihm eine Chance geben, hat er doch genug mit sich selbst zu schaffen, denn er lebt ständig in der Angst, sein zähes Leben zu verlieren. So ist sein Leben ein Wettlauf mit dem Tod. „Keine Zeit, um sich mit Kleinigkeiten und Schwächen aufzuhalten, ich muss es noch in diesem Leben schaffen, die allesumfassende, letzte Wahrheit dieser Schöpfung und dadurch mich selbst zu entdecken."

Und diesem Ziel ist sein kosmisches Talent der starken, bisweilen sogar lebensfeindlichen Konzentrationskraft überaus förderlich. Aber gerade diese totale, konzentrierte Vergeisterung zeigt unserem Steinbock-Mann, dass dieses letzte Geheimnis unserer Schöpfung in seinem Herzen ruht, aber nur in einem liebenden, alles und nichts erwartenden. Unter der drückenden Last seines Zweckpessimismus verwechselte er schon oft oberflächliche Liebelei mit wahrer Herzensliebe – und sperrte Letztere dann einfach aus seinem Leben aus.

So kann unser Steinbock-Mann, wenn er tapfer und unerschütterlich seinen beschwerlichen Weg geht, doch letztendlich zu der befreienden Erkenntnis gelangen, dass man nur ohne Hintergedanken, aus der Herzmitte heraus lieben sollte: eine späte Lebensweisheit, die bestimmt ein paar enttäuschende Herzen auf einsamen Weg unseres knochigen Helden hinter sich ließ.

Die Steinbock-Frau in der Liebe

Wie ihr männliches astrologisches Pendant hat es eine ehrgeizige und nüchterne Steinbock-Eva nicht gerade leicht, sich locker und vergnügt auf dem Felde des Eros auszuleben.

Allzu moralisierend und prinzipiell vorsichtig steht sie einem feurigen Liebhaber gegenüber. Sie ist auf der Hut und wohlweislich darauf bedacht, ihn nicht allzu nahe an ihre noch zu entdeckende Weiblichkeit heranzulassen. Zuerst muss sie wissen, ob er nun wirklich all ihren schweren und genauen Prüfungen standhalten wird.

Unsere zähe Saturn-Eva hält von Treue und Verlässlichkeit in allen Lebenssituationen sehr viel und wird diesen Prinzipien auch in der Partnerschaft das Hauptgewicht einräumen. Doch geschickt und ausdauernd, wie sie nun mal ist, wird sie auf ihrem langen Lebensweg auch mal die eine oder andere erfahrungsbereichernde Affäre mit der grenzlosen sinnlich-emotionalen Gefühlswelt riskieren. Herbe und bittere Enttäuschung ist für beide Seiten vorprogrammiert.

Bei unserer, sich nach Sachlichkeit und Wahrheit sehnender Steinbock-Lady geht immer ein Hauch von tragischer Schwere und Melancholie mit ein-

DER STEINBOCK IN DER LIEBE

her. Gevatter Saturn ist nun mal der kosmische Enttäuscher, der die Täuschung eines auf falschen und unhaltbaren Prinzipien aufgebauten Lebens durch regelmäßige alle sieben Jahre erscheinende schicksalshafte Belastung einstürzen lässt.

Unsere kleine und zierliche Steinbock-Eva möchte zudem Klarheit und helles Licht in der spröden Dunkelheit ihres Schicksals haben, sodass sie sehr viel Wert auf einen passenden Partner legt, der es ihr ermöglicht, diesem Ziel ein wenig näher zu kommen. So umgeben sich Steinbock-Frauen gerne mit charakterfesten Männern, deren Charisma und Ausstrahlung auch auf sie abfärben wird. Doch unsere Steinbock-Lady sollte sich vor allem starken partnerschaftlichen Nutzdenken hüten. Berechnung und besondere Auswahlkriterien bedeuten nicht immer Glück und Erfüllung, besonders in der Liebe.

Wahrscheinlich wird ein von ihr ausgenutzter und enttäuschter Partner ihr auch eine gesalzene Rechnung für ihr allzu eigennütziges Verhalten in der Partnerschaft servieren. So wird auch unsere Steinbock-Dame nicht umhin kommen, Schuldfragen und ätzende Fehlersuche bei sich und ihrem Liebsten anzustellen. Und schon sind wir am bitteren Ende, das sie so nicht gewollt hatte.

„Es hat schon wieder nicht geklappt, jetzt reicht's, ich gehe ins Kloster – ein für alle Mal – und werde Nonne; da rührt und berührt mich kein männliches Wesen mehr, da kann ich mich voll auf meine kosmische Aufgabe der Konzentration und Vergeistigung aller Dinge und Gefühle stürzen."

DER STEINBOCK IN DER LIEBE

Alles Irdische muss eindeutig und glasklar durchsichtig werden, um das geheimnisvolle, lebensspendende Licht der strahlenden Liebe dahinter erkennen zu können. Das ist das ganze Geheimnis eines Steinbock-geprägten Menschen. Dass dies nicht von heute auf morgen geschehen kann, leuchtet ein.

Keine leichte Aufgabe für eine zarte Steinbock-Frau, aber welche Erfüllung, wenn sie es in einer Partnerschaft schafft, einen Strahl dieses Lichtes durch ihren geliebten Partner gemeinsam erfahren zu dürfen.

Der Steinbock-Mann und seine Partnerinnen

Steinbock-Mann und Widder-Frau
Hier treffen sich Gevatter Saturn und die Jagdgöttin Diana. Falls unser schon etwas älterer Herr trotz seines hohen Alters vital geblieben ist, wird er wohl ein Spielchen mit dieser begehrenswerten, aber so unberechenbaren Feuer-Lady wagen. Weiß er doch, wie man sie anpackt, ohne sich gleich die ganze Hand dabei zu verbrennen.

Doch hier sollte sich unser sachlich-nüchterner Held eher auf seine gutmütige und weise, väterliche Rolle des älteren Liebhabers besinnen, als es ihr in ihrer wilden unbändigen Liebeslust gleich zu tun. Das würde ihm nur schaden.

Hier heißt es berechtigterweise kühlen Kopf bewahren. Falls sie ihn wirklilch bemerkenswert und

DER STEINBOCK IN DER LIEBE

vertrauenswürdig findet, hat er gute Chancen, ihr Berater in Sachen Geld und Karriere zu werden. Aber er wird sie mit anderen Liebhabern teilen müssen.

Darin kennt unsere eigensinnige, emanzipierte Widder-Lady einfach keine Grenzen. So wird unser vernünftiger Held auch wieder den vorab verfassten Ehevertrag klammheimlich zerreißen und sich nach einer handfesteren Weiblichkeit umsehen.

In dieser Konstellation kann jeder vom anderen eigentlich nur lernen, ein Zusammenleben auf Dauer aber ist schwerlich möglich.

Steinbock-Mann und Stier-Frau
Das ist doch etwas Anständiges, wird sich unser pragmatischer Held sagen und sich an dies wundersame weibliche Stierchen heranmachen.

Sie ist überhaupt nicht übertrieben und unberechenbar. Einfache Strukturen kennzeichnen ihr Denken und lassen die gekonnte und aufrechte Führung eines erfahrenen Steinbock-Adams sehr leicht zu. Doch das Hauptproblem ist die beiderseitig vorhandene Bockigkeit und die sagenhafte Sturheit, die für behörnte Tierkreiszeichen typisch ist. Sicherlich ist sie eine sensible, lustbetonte Frau, deren Sinn nach geregelten und erfüllten Ehe-Leben in ihm lobenswerten Nachhall findet. Aber die Konstellation von zwei erdbetonten Tierkreiszeichen bekommt mit der Zeit eine unnötige irdische Schwermut und Melancholie des gemeinsamen Erlebens.

DER STEINBOCK IN DER LIEBE

Auch die Überbetonung der prallen Lebenslust kann beide den wahren und ernsten Sinn ihrer verschiedenen Schicksale leicht übersehen lassen. Eigentlich schade – warum es sich so schwer machen, wenn es doch einfacher geht?

Aber beide wollen nun mal mit den Hörnern durch die Wand, man sollte sich nicht dazwischen stellen. Der eine macht's langsam und qualvoll und die andere wird nach langem Zögern alles unwiderruflich mit gewaltigem körperlichen Einsatz niederwalzen.

Steinbock-Mann und Zwillings-Frau
Eine seltene Konstellation, denn unser ehrgeiziger und strebsam nüchterner Steinbock-Adam wird sicherlich nach dem ersten Kennenlernen höllische Ängste ausstehen, dass dies leichtlebige Fräulein, so lieb und sexy sie auch ist, ihm seine harterarbeiteten Besitztümer durchbringen könnte, falls er sich wirklich näher auf sie einlässt.

Aber dazu lässt es unsere flotte Merkur-Eva gar nicht kommen. Sie riecht Verantwortung, spröde Moral und den Geruch des Gevatters Saturn.

„Nein, ich lasse mir doch von diesem langweiligen Schwerenöter nicht die gute Laune und meine Freiheit nehmen!" Sprach's und schwand aus der Greifweite des „Knochenmannes". Das ist auch besser so, denn hier treffen sich zwei sehr unterschiedliche Persönlichkeitssphären, die nur wenige Berührungsebenen miteinander haben. Sicherlich sehnt sich unser Steinbock im Grunde seines Herzens nach solch einem lustigen und lebendigen Exemplar eines weiblichen Schmetterlings. Dabei

DER STEINBOCK IN DER LIEBE

übersieht er aber die für eine Zwillingsfrau lebensnotwendige spielerische Freiheit. Ihr offener und unverbindlicher Lebensstil schreckt ihn ab.

Er könnte von ihr mehr Heiterkeit und Gelassenheit lernen, und sie erkennt durch ihn den „Spareffekt", der ihr zeigt, wie man ökonomisch und sinnvoll mit seinen Energien und den Dingen dieser Welt umgehen kann.

Steinbock-Mann und Krebs-Frau
Von der Rollenverteilung gesehen eine ideale Partnerschaft. Sie wie Er möchten sich ohne Umschweife gegenseitige ewige Treue schwören, auf dass keiner sich mehr klammheimlich aus dieser Verantwortung stehlen kann.

Für viele Außenstehende ist diese kosmische Ehe ein Buch mit sieben Siegeln, bekommen sie doch die eigentlichen Erlebnissphären dieser klassischen Einzelgänger-Tierkreiszeichen niemals mit. In dieser Ehe stricken und verweben sich zwei Moralapostel zu einem abgeschiedenen Dasein jenseits aller Hektik und gesellschaftlicher Ablenkung.

Beide wollen sich restlos aufeinander konzentrieren, um sich ganz in diese Beziehung einzubringen. Unter diesen Gesichtspunkten entfaltet sich eine erlebnisreiche, intime Liebe, die auch sehr behutsam ist. Denn so hart wie unser Held auch nach außen immer erscheint, so weich ist im Grunde sein Seelenleben. Bisher ist es ihm doch noch niemals gelungen, Strukturen in diesen ihm fremden Erlebniswelten seiner eigenen Persönlichkeit festlegen zu können.

DER STEINBOCK IN DER LIEBE

Unsere kindliche und verspielte, mütterliche Krebs-Eva kann ihm diesbezüglich sehr gut weiter helfen, kennt sie sich doch auf seelischen Ebenen meisterlich aus. Er kann sich ihr in diesem Gebiet voll anvertrauen. Und unsere öffentlich eher schüchterne Mond-Frau kann sich auf unseren Saturnier verlassen, wenn es darum geht, für eine grundsolide materielle und geistige Existenz zu sorgen.

Dann hat sie endlich Zeit und sichere Muße, ihre Träume daheim auszuleben, sodass unser emsiger und immer korrekter Steinbock-Adam genüsslich und entspannt im gemeinsamen Eheglück die Hauspantoffeln anlegen und die hervorragenden Kochkünste seiner Mond-Lady genießen kann.

Ein lebenslanges Abkommen, in dem sicherlich auch bald viele Kinder auftauchen werden, die angesichts der sehr bildungsorientierten Eltern eine erstklassige und gründliche Ausbildung mit auf ihren Lebensweg bekommen.

Doch in dieser Partnerschaft kann es auch zu einem angestauten Eheleben kommen, in dem vor lauter Prinzipienreiterei und launischen Allüren eifersüchtiger Natur die Liebe bald erstickt. Loslassen aber kann keiner von ihnen so recht. Dann wird das Ganze leicht zu lebenslanger Haft.

Steinbock-Mann und Löwe-Frau
Beide sind im Grunde ehrgeizig und von sich eingenommen. Ein Hindernis, sollte man meinen – doch weit gefehlt.

DER STEINBOCK IN DER LIEBE

Gerade dieser Glanz und die gewisse charismatische Ausstrahlung des anderen werden die zwei Tierkreiszeichenvertreter in den meisten Fällen zueinander bringen. Wollten beide doch immer schon mal wissen, wie er/sie es denn im Leben so anstellen, so viel Erfolg und Ausdauer an den Tag zu legen.

Also weniger eine Beziehung, die sich auf Grund leidenschaftlicher, sinnlicher Anziehung ereignet, sondern eher ein beiderseitiges, stilles Abkommen für eine grandiose Zusammenarbeit an einer gemeinsamen öffentlichen und beruflichen Karriere.

Unsere stolze, sehr selbstbewusste Löwen-Lady sieht die gewaltige, zähe Kraft des Steinbock-Mannes. Sie schätzt seinen Willen, zu den höchsten Zielen und Wünschen menschlicher Existenz, auch unter den widrigsten Umständen, zu gelangen.

Unser herber Steinbock-Held erkennt mit einem Blick den wahren, menschlichen Wert dieser eleganten, sonnenhaften Dame: eine Schönheit, mit der er sich in aller Welt zeigen kann, eine Frau, die weiß, was sie braucht, mit einer sanft glühenden Liebe, die er selten zu spüren bekommt.

Doch er sollte schon über ein großes „Königreich" verfügen, damit sich unsere Herzens-Königin bequemt, sich bei ihm häuslich einzurichten. Unter einer 14-Zimmer Villa ist nichts drin, weiß sie doch, er schafft auch dies.

Eine interessante Partnerschaft also, die, obwohl zu 50% aus Zweckmäßigkeit aufgebaut, mit der

Zeit ein stabiles, seelisches Gefüge und geistige Harmonie hervorbringen kann. Falls beide aber vergessen, sich auch um die sinnlich-emotionale Seite zu kümmern, dann bleibt am Ende ihrer Tage nur ein müdes Gähnen füreinander übrig.

Man(n)/Frau hat sich einfach auseinander gelebt: Unser Steinbock-Adam ist gefangen in seiner naturgegebenen Einsamkeit und in der seelischen Leere seines Sonnenzeichens, ist argwöhnisch und verbittert. Und unsere ehemals so rassige Königin regiert ihren arg geschundenen Körper – den letzten Rest ihres einst so riesigen Reiches – mit Herztropfen und sonstigen Tinkturen. Welch eine Tragödie!

Steinbock-Mann und Jungfrau-Frau
In den wenigsten Fällen wird in dieser Partnerschaftskonstellation vitaler Witz und lockere Lebenseinstellung die Oberhand gewinnen können.

Denn unsere zwei Tierkreiszeichen gehören dem astrologischen Element „Erde" an. Sie erfordert den natürlichen und materiellen Sinn und ordentlichen Gebrauch aller irdischen Gegebenheiten bei allen persönlichen Bestrebungen. So ist diese Konstellation eine überaus vernünftige Sache, weniger aber eine stürmische Herzensliebe.

Im Grund ist nichts dagegen zu sagen, wenn da nicht diese schreckliche Vorliebe für pingelige Details und der Zweckpessimismus auf beiden Seiten wäre. So kommt es, dass trotz aller klugen und taktisch einwandfreien Vorausplanungen die Rechnung nicht ohne den Wirt gemacht werden

DER STEINBOCK IN DER LIEBE

kann: Der Wirt ist ganz einfach die fehlende, immer wieder alles erfrischende und erneuernde Kraft einer lebendigen Seele.

So wird das gemeinsame Leben, falls seelische Lockerheit und emotionale Abwechslung fehlen, grau und eintönig sein. Man(n)/Frau quält sich mehr oder weniger miteinander an den Fehlern und Schwächen des Partners ab und verliert den Sinn und Zweck einer Liebesverbindung aus den Augen. Doch diese eingeschlafene Ehe wird wieder „quicklebendig", falls es einer wagen sollte, dem Drama ein Ende zu bereiten: Keiner will den anderen gehen lassen.

Unser Steinbock-Adam muss ob der Cleverness seiner klugen Merkur-Eva passen, weiß er doch, dass eine Scheidung ihn sein ganzes Vermögen kosten würde. Und unsere kritische Jungfrau-Eva ist sich wohl bewusst, dass sie wohl kaum mehr eine bessere Partie unter den freien Heiratsangeboten bekommt. Also bleibt man zusammen.

Steinbock-Mann und Waage-Frau
Nun ja, es gibt problemlosere kosmische Konstellationen. Im Grunde besteht wenig Hoffnung auf gegenseitige Erfüllung der verschiedenen Erwartungshaltungen dem Leben gegenüber.

Äußere Figur und weibliche Qualitäten intimerer Natur werden sicherlich ein gutes Bild für unseren prüfenden Saturnier abgeben, aber „diese Verschwendungssucht ist ja wirklich zum Haare ausraufen. Was macht die bloß mit all dem Geld? Lauter Schnickschnack, und dann die teuren Klamotten und die teuren Restaurants, von Kino und Theater ganz abgesehen".

Das Erste, was unser Held einführt, wird eine getrennte Kasse sein. Knappes Haushaltsgeld und sonst nichts.

„Was für ein Knauser", wird sich unsere sonst so diplomatische Venus-Dame von Welt nicht zu denken verkneifen können und ihn keines Blickes mehr würdigen. „Doch halt, er könnte ja für mich arbeiten, ich muss ihn nur noch davon überzeugen, dass ich genau die Frau bin, die er schon immer gesucht hat".

Weit gefehlt, das ist ein Vorhaben, das er sogleich durchschaut. Gerne nascht unser Saturn-Bube von ihrer verführerischen Weiblichkeit.

So denkt sie, sie hat ihn, und er denkt, das wird wohl jetzt für immer so laufen. Bis sie merkt, dass er weiß, was sie wirklich vorhat, und ihr auffällt, dass sie ihrem Ziel noch keinen Millimeter näher gekommen ist. Ja, und dann merken beide auf einmal, dass sie sich in Wirklichkeit etwas vormachen und von Liebe und gegenseitiger Achtung kaum noch die Rede sein kann.

„War sowieso nur ein Versuch", sagt unsere Venus-Lady und wird sich schnell nach neuen Abenteuern umsehen.

Unser Held murmelt: „Nun gut, hätte ganz gut laufen können, aber was soll's, letztendlich haben wir uns doch wenig zu sagen. Sie will genüssliche Geselligkeit mit vielen guten Freunden, ich aber ziehe die herbe Einsamkeit eines zielgerichteten Lebens der dauernden Sowohl-als-auch-Taktik dieser Lebensgenießerin vor". Das war es dann auch schon.

Steinbock-Mann und Skorpion-Frau
Wahrlich ein alchimistisches, partnerschaftliches „Gebräu" von selten intensiver menschlicher Tiefe und Abhängigkeit.

Sicherlich sollte unsere Skorpion-Eva sich auf dem freien Markt der Liebe reichlich umgesehen haben, um letztendlich in die Arme unseres Steinbock-Adams zu fallen. Er ist gerne bereit, mit ihr durch die Hölle zu gehen, hat er doch ein paar tolle Tricks auf Lager; ist doch sein Geburtsherrscher Saturn namensverwandt mit Satan.

Was will denn unsere extrem sinnliche Skorpion-Eva mehr als den Pakt mit einem extremen Menschen, der ihre Sehnsüchte versteht und ihr dabei behilflich ist, alles restlos zu erforschen und zu ergründen? Die Kostenfrage wird unser sonst so sparsamer Pfennigfuchser hier wohl hinten anstellen, weiß er doch um die Verlässlichkeit einer ihn verheißungsvoll anschauenden Skorpion-Braut. Ihre Versprechen muss sie bis zum bitteren Ende unter allen Umständen einlösen.

Eine Partnerschaft, die beiden extremen Menschen einen Halt und eine Zielrichtung vermittelt, aber auch leicht in die niederen Gefilde von Hassliebe und masochistischen Quälereien absinken kann. Eine extreme Liebe, sieht doch unser schwermütiger Steinbock-Adam eine ähnlich selbstquälerische und alles peinlich genau prüfende Verhaltensstruktur bei ihr.

Sollte es ihm gelingen, ihr diesen Schleier zu nehmen, wie unendlich frei könnte er dann sein, geborgen an der Seite einer Frau, die ihm ewige Liebe und Treue geben könnte.

Steinbock-Mann und Schütze-Frau
Unvereinbare Gegensätze prallen hier förmlich aufeinander. In den wenigsten Fällen wird sich eine Partnerschaft auf Dauer daraus entwickeln. Auch kurze und flüchtig anregende Liebesaffären sind unter dieser Tierkreiszeichen-Kombination eher selten.

Weibliche Fülle und männliche Sparsamkeit, emanzipierte Freiheit der Persönlichkeitsentfaltung und asketische Selbstbescheidung um höherer Ziele und Einsichten willen – das alles kann und wird auf Dauer nicht gutgehen.

Stellt eine dynamische, feurig implusive Schütze-Eva einen vitalen, schier unermüdlichen Motor praller Lebenslust dar, so finden wir im strengen Steinbock-Adam eher das Bild des permanenten Bremsers wieder, der bei unserer wilden Amazone vergeblich seinen Fuß auf das nicht vorhandene Bremspedal stellen will:

„Sie soll, verdammt noch mal, endlich still bei mir stehen bleiben, dieses ewige, kopflose Hin und Her macht mich ja ganz fertig." Doch er wird vergeblich nach einer Bremse bei ihr suchen. Ein

DER STEINBOCK IN DER LIEBE

langsameres Lebenstempo ist für sie genauso unwirklich und wesensfremd, wie es das ungestüme Dahinstürmen im wilden Rausch von Geschwindigkeit und Lebenslust einer Schütze-Lady für unseren ruhigen, bedächtigen und vorsichtig kalkulierenden Saturnier ist.

Da sich sowieso in den meisten Fällen keine Partnerschaft entwickelt, erübrigen sich weitere Ausführungen. Dasselbe werden die beiden auch voneinander denken.

Steinbock-Mann und Steinbock-Frau
Lassen wir sie in Frieden, sie wissen schon warum sie zusammen sind. Wahrscheinlich werden böse Münder behaupten, dass sie zuerst die Kontoauszüge ausgetauscht haben, um den anderen vom eigenen Wert und Nutzen zu überzeugen.

Damit liegen diese Spötter nicht so verkehrt, denn einer hitzigen, leidenschaftlich durchlebten Nacht ist diese eher trockene Partnerschaft nicht entsprungen. Und unser ehrenwerter Steinbock-Gentleman wird der Erste für unsere eiserne Steinbock-Lady sein, der all ihre Prüfungen auch bestanden hat.

Dann muss sie zugreifen, auch wenn er nicht gerade eine strahlende Schönheit ist.

So werden die beiden sich gegenseitig von Nutzen sein. Vor lauter Nutzen und sinnvollen Gebrauch des Nutzens wissen sie dann gar nicht mehr, warum sie eigentlich geschaffen wurden.

DER STEINBOCK IN DER LIEBE

Eingespannt in ehernen Normen und Prinzipien arbeiten beide an dieser Partnerschaft.

Er erzieht sie, und sie erzieht ihn; beide erziehen ihre Kinder und wundern sich, dass ihre Sprösslinge trotz bester Schulbildung und strengem Elternheim die größten Chaoten und Tagträumer geworden sind. Wir haben etwas falsch gemacht, diese Feststellung könnte endlich ein Licht in diese eingefahrene Ehe bringen.

Ein gutes Stück wirklich harter Arbeit liegt dann noch vor ihnen, aber jetzt wissen sie wieder, warum sie zusammen sind.

Steinbock-Mann und Wassermann-Frau
Die Extravaganzen dieser rebellischen Wassermann-Eva sind mit der Zeit für einen prinzipientreuen Saturnier schwer tragbar.

Es gibt scheinbar kein Konzept in ihrem Leben, und nach einem Platz als Wochenendliebhaber an ihrer bisweilen abweisenden Seite steht ihm nicht der Sinn. Sie für seine Zwecke umzuerziehen ist schier aussichtslos. Dinge, die sie gerne so erleben will, wie sie es sich vorstellt, erlebt sie auch so. Zudem riskiert sie schon mal einen partnerschaftlichen Einbruch, um sich ihren spontanen Eingebungen ganz hingeben zu können. Partnerschaft ist für eine freiheitsliebende Wassermann-Lady eher ein Mittel zum Zweck.

„Das denke ich doch auch", seufzt Gevatter Saturn, „aber irgendwie schafft sie es immer, mich in den unmöglichsten Situationen und unter den verrücktesten Behauptungen an die frische Luft zu setzen, wenn ihr ganz einfach danach ist. Das kapiere wer will, das wird mir mit der Zeit zu nervig und raubt mir den Schlaf".

Und wenn der Punkt gekommen ist, an dem unser Bilanzkünstler mehr in diese eigenwillige Freundschaft investiert, als er bekommt, wird er dieses Scheinverhältnis formlos kündigen.

Oftmals hat sie aber schon längst das Weite gesucht – angesichts seiner zurückhaltenden Ausstrahlung. Sie sucht den Meister der sinnlichen Kürze.

Steinbock-Mann und Fische-Frau
Hier kann unser Erzieher seine Talente ausprobieren und versuchen, endlich einen vernünftigen Menschen in seinem Sinne aus ihr zu machen. Unsere lebensfrohe Fische-Eva wird sich einen besonderen Spaß dabei erlauben, ihm ständig den Boden der Realität unter seinen Füßen wegzuziehen und ihn, trotz aller vorgeschobenen Korrektheit im Handeln und Fühlen, in ihren grenzenlosen Traumozean der dahinströmenden, nie endenden Gefühle kopfüber hineinzuziehen.

So können beide Tierkreiszeichen unter dieser Konstellation eigentlich sehr viel voneinander lernen und auch neben dem Ernst lebensnotwendigen Spaß auf ihrem gemeinsamen Erlebenskonto verbuchen.

Was unser Held einfach zu trocken und zu hart ist, ist unsere Fische-Lady zu form- und willenlos.

DER STEINBOCK IN DER LIEBE

So ergänzen sich diese kosmischen Talente auf wunderbare Weise und ermöglichen eine abwechslungsreiche, gemeinsame Zeit. Sie lernt von ihm den Nutzen gesparter Energien, sei es materieller oder sinnlicher Natur.

Er schätzt ihre überschäumende, freigiebige Weiblichkeit, gleich einem ewigen Jungbrunnen, an dem sich unser schnell alternder Held immer auffrischen kann. Sie träumt ihr seelisches Tagebuch, und er verlegt es Gewinn bringend als Tatsachen-Roman.

Eine gelungene Partnerschaft, die aber erst in reiferen Jahren einer Fische-Lady in Frage kommt, denn in ihren stürmischen jungen Zeiten hat unser zurückhaltender, gefühlsmäßig gebremster Held keinen richtigen Stammplatz in ihrem weiten, freizügigen und mitleidvollen Herzen.

Steinbock-Frau und ihre Partner

Steinbock-Frau und Widder-Mann
Für unsere eiserne Saturn-Lady ist wohl jeder ungezügelte Widder-Adam ein ungehobelter, ungebildeter, aggressiver Naivling, den es gilt, durch eine harte Schule von Erziehung und standfester Moralität nachhaltig und gründlich am Schlawittchen zu packen.

Klar, er bietet ihr genügend männliche Potenz, um auch ihre geheimsten Wünsche und Ziele auch auf längere Sicht zu erfüllen; vorausgesetzt, dass ihr gelingt, diesen prächtigen, aber eigentlich unbe-

DER STEINBOCK IN DER LIEBE

darften Action-Macher an die zarte, doch reißfeste Leine einer vernünftigen Partnerschaft zu legen. Doch so weit wird es in den wenigsten Beziehungen dieser Konstellation kommen.

Bildet doch unsere in sinnlicher Sicht etwas zurückhaltende Steinbock-Dame kein so ein aufregendes und erobernswertes Objekt seiner direkten Begierde. Und unserer ehrgeizigen und strebsamen Steinbock-Lady wird es mit der Zeit ganz gehörig auf die Nerven gehen, dass er ihre Pläne durch unberechenbare Einsätze und willkürliche Behauptungen meistens kurz vor deren Verwirklichung zum Fall bringt. Unser aus dem Moment lebender, wacherer Held aus dem Geschlecht des Mars ist wieder mal ins Fettnäpfchen getreten.

Eine kosmische Konstellation, die viel Müh' und Aufmerksamkeit von beiden verlangt, die aber Erfolg und Gewinn auf allen Ebenen erbringen kann, falls sie seine schier unerschöpflichen Widder-Energien gekonnt für sich und für die Beziehung arbeiten lässt.

Doch welcher Schüler möchte auf Dauer mit seiner strengen Lehrerin zusammenleben? Von einem kurzen heißen Flirt hat schon jeder mal geträumt. Aber ständig? Nein danke!

Steinbock-Frau und Stier-Mann
Hier treffen sich zwei Wesenssphären, die sich, was Schwermut, Gründlichkeit und vorsichtiges Nutzungsdenken angeht, gegenseitig unterstützen können.

DER STEINBOCK IN DER LIEBE

Also eine geplante, genau berechnete und gewollte Partnerschaft, wenn der Funke der Liebe da ist und für die gemeinsame Ewigkeit konserviert werden soll. Sicherlich muss unser Stier-Adam in sinnlich-emotionaler Hinsicht einige Abstriche machen, doch dafür bekommt er ein treues Weib, das genauso an Geld und Wohlstandssicherung denkt wie er. Also wühlen sie sich in die Materie, sind doch beide Erdzeichen und gelangen so gemeinsam zu Reichtum und beruflicher Karriere. Eine Partnerschaft, die nicht so schnell an Kleinigkeiten zerbricht, sondern oft ein Bollwerk von ehelicher Kameradschaft und Belastbarkeit, den äußeren Einflüssen aus Gesellschaft und bürgerlichem Leben entgegengesetzt. Haben beide sich füreinander entschieden, gibt es in den wenigsten Fällen ein Zurück.

Doch gerade diese Unwiderruflichkeit ihres Bundes könnte mit der Zeit die schon latent vorhanden natürliche Schwermut dieser Erdzeichen fördern. Fehlt es ihnen doch an einer gewissen Leichtigkeit und Freizügigkeit im Umgang mit Prinzipien und angeblich unumstößlichen Einsichten und Wahrheiten. Man(n)/Frau macht es sich wirklich nicht leicht und gerät dadurch oft in Melancholie und Depressionen.

Steinbock-Frau und Zwilling-Mann
Wahrlich, ein seltenes Schauspiel, wenn unser flotter Weiberheld mit der Spielernatur sich nach einer ersten Nacht mit Ausflüchten und Halbwahrheiten biegt, um ja nicht unter diesen Bannstrahl zu kommen, jetzt mal die Wahrheit zu sagen, ob er sie denn nun wirklich liebt.

DER STEINBOCK IN DER LIEBE

Mit ihr ein Leben zu zweit allein, nein danke, wird er sich insgeheim denken und ihr erzählen, dass es ganz gut war, er habe aber noch so viel zu erledigen. Er könne jetzt wirklich nicht sagen, wann sie sich wieder sehen würden: "Schau, mein Terminkalender ist randvoll, ich ruf' dich an...!" und schon ist er aus dem Staube.

„Na ja", wird sich unsere darauf schon gefasste Steinbock-Lady denken, und ihn laufen lassen, „war ja ganz nett mit ihm".

So einen beweglichen Liebhaber hat sie noch selten an sich heran gelassen. Doch diese Beweglichkeit findet sich auch auf seinen innerseelischen und geistigen Ebenen wieder, sodass sie wenig Vertrauen und Belastbarkeit für diese Partnerschaft voraussah.

Was will so eine prinzipientreue, moralisch denkende Frau auch schon von unserem kosmischen Schlitzohr, der gerne seine Spielchen mit den Leuten macht? Vielleicht ein wenig mehr vitale Lebenslust und spielerische kindliche Unbedarftheit im Umgang mit sich und anderen, wer weiß. So ein schräger Typ wird in den seltensten Fällen bei ihr landen können, es sei denn, sie hat genug vom eintönigen Eheleben und sucht sich einen sportlichen, zu nichts verpflichtenden außerehelichen Flirt. Dann liegt sie goldrichtig bei ihm.

Steinbock-Frau und Krebs-Mann
Eine extreme Partnerschaft, in der die Rollen eigentlich vertauscht sind. Unsere eiserne Lady übernimmt die männlich harte Rolle von Karriere und

DER STEINBOCK IN DER LIEBE

strebsamer Persönlichkeitsentwicklung, und unser intuitiver mehr weiblicher Mond-Held sorgt für geborgene Häuslichkeit und seelische Innerlichkeit.

Eine Beziehung, die nur in reiferen Jahren gut gehen kann, in denen sich dieser Prozess der Rollenvertauschung durch das kosmische Gesetz der gegenläufigen Anpassung eingependelt hat. Ein junger Krebs-Mann ist noch viel zu unklar und männlich unterentwickelt – kurz ein typischer Spätzünder, der ein Leben lang die Angst hat, bei den Frauen immer zu kurz zu kommen.

Doch gerade mit den Jahren und den Erfahrungen weicht eine prinzipientreue Steinbock-Lady auf und kann sich jetzt gefahrloser weiblich geben als in jungen Jahren. Aus dem zarten Mond-Knaben ist inzwischen ein gestandenes, gefühlvolles "Mannsbild" geworden, das sich zur natürlichen Weiblichkeit seines Sonnenzeichens bekennt. Zudem hat er gelernt, auch seinen Mann zu stehen und Verantwortung und harte Belastungen freiwillig auf sich zu nehmen.

Jetzt könnte aus dieser Konstellation eine stabile und gegenseitig erfüllende und befriedigende Lebensaufgabe werden. Denn mit Kleinerem und Unwichtigerem geben sich beide Tierkreiszeichenvertreter nicht zufrieden.

Unsere seelisch spröde Steinbock-Eva kann von ihm Elastizität und lebendige Spontanität des Seelenlebens näher kennen lernen, freilich nur, wenn sie es wirklich will und ihn auch ohne Vorbehalte und eigennützige Absichten liebt.

DER STEINBOCK IN DER LIEBE

Und unser Mond-Mann erfährt die strenge Wohltat von Struktur und Ordnung in seinem Leben, an der es ihm oft mangelte, lebte er doch viel lieber zurückgezogen in dem unaufgeräumten Elfenbeinturm seiner versponnenen Traum- und Wunschvorstellung.

Durch ihre Liebe wird er auf den Boden der Realität gestellt, und unsere allzu harte Saturn-Eva lernt die lebendige, spontane und uneigennützige Sinneslust und Verspieltheit eines intuitiven Mond-Mannes zu schätzen und zu lieben.

Steinbock-Frau und Löwe-Mann
„Den muss ich haben", so einfach ist das für unsere wache Steinbock-Eva. Denn sie sieht die Größe und Würde seiner gesamten persönlichen Ausstrahlung und erkennt auch den gleichen Wunsch nach Macht und Ehre im öffentlichen Leben, wie sie es selbst praktiziert: „Das wäre der richtige Mann an meiner Seite, mit dem ich mich überall sehen lassen kann".

Natürlich wird sie keinen lausigen und frechen Gassenkater in ihre reine Stube lassen, nein, ein mächtiger Löwe, der König der Tiere, muss es schon sein. Mal ganz abgesehen von seinem Königreich, dessen Größe und Erträge sie sofort als vereinnahmungswürdig erkannte. Eine gelungene Partie also.

Außerdem ist er nicht der schnellste im Denken und Wollen; also bekommt er gekonnt das Fell gestreichelt und schon ist er ganz auf ihrer Seite. Klar, dass sie auch einiges für ihn tut, für unseren prächtigen Salonlöwen mit dem dicken Bankkonto und der menschlichen Herzenswärme.

Außerdem gefällt einem Sonnen-Menschen Disziplin und Verwirklichungspotential unserer hart arbeitenden, zähen Steinbock-Dame. Bei ihr lohnt es, sich als strahlender König niederzulassen, weiß er doch von vornherein, dass er kein Schein- und Schattenreich zu regieren braucht, auch wenn sie in Wahrheit alle wirtschaftlichen Fäden mit der Zeit an sich bringen wird. Das lässt unser gutmütiger Löwe gerne zu, denn er sieht, dass sie sich sehr selten verkalkuliert.

Was die sinnliche Seite dieser Partnerschaft angeht, so muss sich unser vergnügungsbetonter Pascha schon eher auf kärgliche bis einfache Hausmannskost gefasst machen: Sicherlich wird sie ihm aus Klugheit und Ehrerbietung am Anfang dieser Partnerschaft all ihre „wilden" weiblichen Erfahrungen darbieten, eine außergewöhnlich freizügige Geste. Weiß sie doch, dass er sie nicht in ihrem empfindlichen Ehr- und Treuegefühl verletzen will.

Doch mit den Jahren wird auch dieses Thema von ihrer Seite in geordnete und eingefahrene Bahnen gelenkt werden, und unser Sonnen-Held sollte sich schon mal vorher ein ihn rundum erfüllendes Hobby einfallen lassen.

Steinbock-Frau und Jungfrau-Mann
Im Grund eine bodenständige Angelegenheit. Nüchtern, sorgsam und genauestens überprüft begeben sich beide zum Notar, schließen einen mehrseitigen Ehevertrag.

DER STEINBOCK IN DER LIEBE

Eine kosmische Konstellation, hervorragend geeignet für Geschäftsleute und solche, die es werden wollen. Aber kaum eine Partnerschaft für wilde, spontane und ausufernde Liebes- und Lebenslust. Das hat einfach keinen Platz in der regen Geschäftigkeit, die beide von nun an an den Tag legen werden.

Pragmatismus, Nutzungsdenken, Versorgungsängste und Absicherungswünsche sind die Grundantriebsfedern ihres Handelns, und so wird sich auch der eheliche Alltag gestalten. Sinnlichkeit und emotionale Getragenheit wird nicht zu groß geschrieben werden: für Außenstehende eine öde und gähnend langweilige Partnerschaft, für die Beteiligten eine befriedigende Pflichtausübung.

Die Kür vollenden beide aber in der Öffentlichkeit, da es ihnen um Ansehen, Achtung und Erfolg im Leben geht.

Steinbock-Frau und Waage-Mann
Das ist eine recht seltene astrologische Konstellation. Treffen sich hier doch zwei grundverschiedene Charaktere, deren sinnliche und geistige Erfahrungsraster überhaupt nicht deckungsgleich sind.

Sicherlich wird unser lebenshungriger Waage-Gentleman im Laufe seiner nach Frauen suchenden Rasterfahndung auch einmal auf eine stolze und magisch-kühle Steinbock-Dame stoßen; doch die ersten Kontakte vermitteln unserem Grand Charmeur wenig Erfolg versprechendes.

DER STEINBOCK IN DER LIEBE

Er wird eine Pflichtrunde bei ihr drehen und sie einfach stehen lassen. Und was will eigentlich eine tugendhafte, sittliche Saturn-Lady von einem zweifelhaften Casanova, der geschworen hat, sich niemals mehr wieder von einer Frau „in die Pfanne hauen zu lassen" und zudem meist den klassischen „Chauvie" gefühlskalt und berechnend raushängen lässt.

Seine hintergründige Gefühlskälte könnte sie ja noch ertragen, aber die Sache mit seinen Liebschaften, die er überall in jeder Stadt sitzen hat – damit wird unsere treue Saturn-Seele einfach nicht fertig.

Er lässt sich auch überhaupt nicht gerne in die Karten schauen, tut so, als ob er unschuldig sei, und wird sich hüten, sich in den Mittelpunkt der partnerschaftlichen Verantwortung zu stellen.

Unsere „Sittenrichterin" wird ihn bald überführt haben und ihn zur Rede stellen; das ist der Anfang von einem schnellen Ende.

Steinbock-Frau und Skorpion-Mann
Das haut hin. Zwei Menschen, die nach dem wesentlichen Sinn des irdischen Geschehens suchen, die eine in den höchsten geistigen Höhen menschlicher Vorstellungskraft, der andere in den tiefsten Schichten von Körper und Seele. So geben sich zwei artverwandte Charaktere brüderlich die Hand, um sich gegenseitig auf den gefahrvollen Weg der Selbstfindung zu begeben, immer mit dem Verlust des Lebens vor den Augen.

DER STEINBOCK IN DER LIEBE

Und was eine erfüllte partnerschaftliche Sinnlichkeit angeht, so hat unser erfahrener Tat- und Trieb-Mensch genügend sinnliche Energien, um unsere kühl distanzierte Steinbock-Lady umfassend durch seine grenzenlose, intime Glut „anzufeuern" und ihre diesbezüglich eingefahrenen Verhaltensmuster aus den Verankerungen von Moral und Prinzipientreue herauszureißen.

Endlich kann sie sich auf diesem für sie schon schwierigen Lebensgebiet einem zuverlässigen Führer voll und ganz anvertrauen. So finden wir hier eine sinnsuchende und -gebende, emotional und rational bereichernde Partnerschaft, in der sich unser triebhafter Skorpion-Adam ein wenig an ihrer Sachlichkeit beruhigen kann.

Sie hat in ihm endlich einen fähigen „Heizer" mit fast unerschöpflichem Brennvorrat an leidenschaftlicher Liebe. Gerne macht sich unser Skorpion-Adam die Hände für sie schmutzig und holt für sie auch die heißesten Kohlen aus den Feuern der menschlich-irdischen Existenz.

So hätten wir hier wieder ein Menschen-Paar, das auf Grund seiner kosmischen Talente den wahren und einzigsten Sinn dieser Welt und der menschlichen Existenz gemeinsam erarbeiten und entdecken kann, nämlich den Weg durch die vorgegebene, schicksalhafte Natur.

Steinbock-Frau und Schütze-Mann
Natürlich wird sie nicht so dumm sein zu glauben, dass unser flüchtiger Herzensbrecher länger als eine Nacht in ihrer Nähe verweilen wird.

DER STEINBOCK IN DER LIEBE

Doch es reizt sie schon sehr, diesen wundersamen Mann mit dem großen Herzen näher kennen zu lernen, auch wenn sie ihm nicht gleich Fußfesseln anlegen wird. Dies käme nur in Frage, falls einer längeren Partnerschaft nichts mehr im Wege stehen würde.

Doch die Enge und Strenge ihrer Lebensvorstellungen lassen keinen Spielraum für die übermütigen und überschäumenden partnerschaftlichen Turnübungen unseres sportlich tapferen Schütze-Helden. Er würde sich auf Dauer wirklich eingesperrt bei ihr vorkommen. Freundlicherweise wird er ihr ein Stück von seinem universalen Glück schenken.

Aber mehr bekommt sie von ihm nicht, denn er hat meist eine lange Liste weiblicher Anlaufstellen, die es gilt, noch in diesem Leben auszuprobieren.

Er ist ein Schauspieler mit begnadeten göttlichen Talenten, und sowas lässt auch mal gerne eine nüchterne klare Steinbock-Eva bei sich daheim für ein kurzes Gastspiel auftreten.

Steinbock-Frau und Steinbock-Mann
Er dürfte ihr in den meisten Fällen zu „kleinkariert" vorkommen, ist er doch ihr Spiegelbild, und wer will schon mit seinen Fehlern und Schwächen verheiratet sein.

So hat ein zäher und strebsamer Steinbock-Adam nur dann Erfolg bei ihr, wenn er schon Karriere gemacht hat. Ein Fest von leidenschaftlicher Ekstase und Innigkeit wird es wohl nicht werden. Unsere Saturn-Eva wird sich mit der Zeit von sei-

DER STEINBOCK IN DER LIEBE

nen Qualitäten überzeugen lassen, wollen doch beide im Grunde das Gleiche: nämlich Erfolg.

Das Tragische an den Steinbockgeprägten Menschen ist die Last und Bürde ihres schwermütigen Wesens, eine Last, die sich in zähem Ringen mit Schicksalsschlägen besonders harter Natur manifestiert. Aber sie sind unermüdliche Gipfelstürmer, die nicht so schnell aufgeben. Am Ende eines emsigen und arbeitsreichen Lebens wollen sie mit weisem, einsichtsvollem Gleichmut und fast schon wieder kindlicher Gelassenheit dem Treiben menschlicher Sandkastenspiele von Hoffnung und Glauben, Liebe und Eros zuschauen.

So können sich beide in schweren Prüfungszeiten ihres Lebens gegenseitig stützen und aufbauen, um dann die Ernte ihrer Ehe am Ende ihres Lebens Gewinn bringend auf das Konto eines erleichternden „Karmas" zu investieren.

Steinbock-Frau und Wassermann-Mann
Sie dürfte wohl eine der wenigen Tierkreiszeichenvertreterinnen sein, die unseren skurrilen und eigenwilligen, einsamen Wanderer wohl fast gänzlich verstehen kann.

Dieses intime Verständnis des persönlichen Leides eines Wassermann-Adams dürfte auch ausschlaggebend für seine Zuneigung zu ihr sein. Von wahrer Liebe kann am Anfang noch nicht die Rede sein; unser begabter Macher hat noch so viel Weltliches zu erledigen, dass er kaum Zeit hat, sich mit Gefühlen oder ähnlich Unkontrollierbarem auseinanderzusetzen.

DER STEINBOCK IN DER LIEBE

So muss sich unsere Saturn-Eva mit einer Notlösung zufrieden geben, die ihr aber doch letztendlich gut gelegen kommt, zieht sie doch auch eine gewisse Regelmäßigkeit im Alleinsein einem allzu oberflächlichen, zusammengepferchten Eheleben vor.

Darin werden sie sich wunderbar ergänzen, denn unser Wassermann-Adam ist auch kein Freund von allzu vertrauter Zweisamkeit. Er liebt sein Schicksal und sein Schicksal liebt ihn, zwar auch auf manchmal sehr obskure Weise, aber das stört ihn weniger. So ist er mit sich selbst permanent beschäftigt. Und was Leidenschaft und Emotionen angeht, so weiß auch unser Einzelgänger oft nichts damit anzufangen.

Vielleicht ruft er dann unsere eiserne Lady an, und beide werden diesem Thema, korrekt und sauber mit Taktik und Kalkül, auf den Grund gehen, was aber nicht heißen soll, dass beide sinnlich ausschweifend wären. Klar, unser „Wassermännchen" braucht schon seine skurrilen Abenteuer, aber die hat er schon lange vor ihr hinter sich gebracht. Jetzt ist er schon ein bisschen weise geworden, um sich nicht gleich alles wieder von vornherein zu verderben. Für Außenstehende eine merkwürdige und uneinsichtige Partnerschaft.

Steinbock-Frau und Fische-Mann
Eine ideale Partnerschaft. Mal abgesehen von einigen astrologisch bedingten Missverständnissen, was Moral, Treue und lebendige kreative Phantasie angeht.

DER STEINBOCK IN DER LIEBE

Hier haben wir eine interessante Mischung von illusionärer Sinnes- und Vorstellungswelt mit eindeutiger, glasklarer, standfester Prinzipientreue im Fühlen, Denken und Wollen vor uns. Unser haltloser Lebemann mit dem ständig überzogenen Bankkonto findet endlich eine starke weibliche Persönlichkeit, die er mit seinen intuitiven und künstlerischen medialen Fähigkeiten überzeugen und bereichern kann und die kaum Angst hat, sich von ihm auf die schiefe Bahn führen zu lassen, hat doch unsere Saturn-Lady beide Füße felsenfest im Boden der eindeutigen Realitäten verankert.

So bindet sie den Haltlosen fest, während der Haltlose die Fesseln der anderen lockert. Und beide könnten glücklich werden. Dies ist aber nur im fortgeschrittenen Alter der persönlichen Erfahrungen und Reifungen möglich.

In jungen Jahren steht solch eine kosmische partnerschaftliche Konstellation eher unter einem schlechten Stern, hat doch unser Fische-Held seine Seelen- und Phantasiewelt noch nicht selbst ganz verstanden. Er ist also noch nicht Herr über sein Sonnenzeichen geworden. Und unsere schüchterne und zerbrechlich wirkende zarte Steinbock-Blüte hat die Brutalität und Treulosigkeit des männlichen Tuns noch nicht ganz in ihr Leben integriert.

Berührungsebenen sind da, werden aber missverständlich interpretiert. So wird erst über die Lebensmitte hinaus ein gemeinsamer Konsens einer fruchtigen und stabilen Partnerschaft entstehen können.

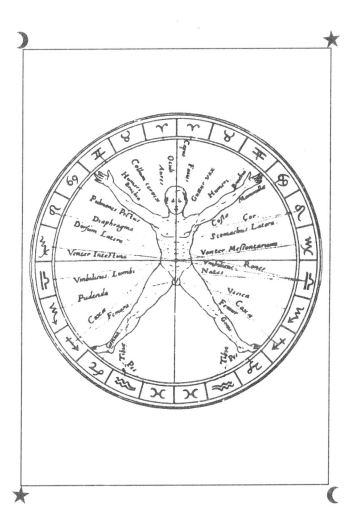

Berühmte Persönlichkeiten

In diesem Kapitel werden Ihnen einige berühmte Tierkreiszeichenvertreter – historische wie auch kulturelle Persönlichkeiten – vorgestellt. Hierbei geht es weniger um eine vollständige und umfassende Darstellung, vielmehr sollen die Tierkreis-typischen Verhaltensweisen, Charaktereigenschaften und „kleinen Eigenheiten" dieser Berühmtheiten herausgestellt werden.

Jeanne d'Arc (6.1.1412)
Als der britische Satiriker G.B. Shaw ein Stück über die Retterin Frankreichs schrieb, da bewunderte jedermann die schlagfertigen Erwiderungen, die er diesem einfachen Bauernmädchen in den Mund legte.

Doch das hat er gar nicht getan. Er studierte nur sorgfältig die Prozessakten und zitierte dann die heilige Johanna. Sie war selbst so ironisch und sarkastisch gewesen. Der für Steinböcke typische schwarze Humor verließ sie nicht einmal in der Folterkammer.

Es war schon sehr erstaunlich, mit welcher Penetranz sie ihrer Sendung nachging. Als ihr die Stimmen sagten, dass sie Frankreich retten sollte, da suchte sie sich zuerst ein Heer. Dreimal wies sie der Stadtkommandant ab, aber dann gab er ihr ein paar Knappen mit auf den Weg. Ihre Hartnäckigkeit überzeugte aber schließlich andere hochgestellte Persönlichkeiten, und so eroberte sie Orleans.

BERÜHMTE PERSÖNLICHKEITEN

Sie konnte weder lesen noch schreiben, aber ihr Gedächtnis und ihr Organisationstalent waren ausgezeichnet. Die militärische Lage beurteilte sie stets nüchtern und sie gewann immer, solange man sie ließ.

Ihre wochenlange Reise über Schnee und Eis und durch feindbeherrschtes Gebiet erinnert an den „langen Marsch" ihres Tierkreisbruders Mao Tse-Tung. Bei der Schlacht um Orleans traf sie ein Pfeil in die Brust, aber sie kämpfte weiter, bis in die späte Nacht, obwohl alle eine Pause wollten.

Ihre Freunde rühmten nicht ihre Schönheit, ihre Feinde nicht ihre erotische Ausstrahlungskraft. Als sie den Engländern in die Hände fiel und ihr der Prozess gemacht wurde, verteidigte sie sich mit Ironie, Schlagfertigkeit und gesundem Menschenverstand. Dennoch wurde sie von den französischen Richtern zu lebenslangem Kerker verurteilt.

Doch die Engländer wollten ihren Kopf. So warf man ihr zuletzt vor, dass sie Männerkleider trug. Das aber musste sie, denn die Frauenkleider hatte man ihr weggenommen. Dem Gericht war das egal; ihr Tod war von vornherein beschlossene Sache.

Ohne sie gäbe es heute kein Frankreich. Aber die Franzosen brachten sie auf den Scheiterhaufen. Das Lösegeld für sie wollte der französische König Karl VII. nicht zahlen. Es war ihm zu hoch.

Johannes Kepler (27.12.1571)
Zeit seines Lebens war Kepler nicht nur ein fleißiger Forscher, sondern auch ein nüchterner Fra-

BERÜHMTE PERSÖNLICHKEITEN

ger, stets offen, unabhängig und kritisch. Dazu kommt selbst in seinen wissenschaftlichen Arbeiten der für Steinböcke typische Humor.

Seine Liebe galt der Mathematik und Astronomie. Daneben war er auch ein hervorragender Astrologe, vielleicht der genialste, den es je gab. Er suchte nach der wahren Bahn der Planeten und behalf sich zunächst mit einer kuriosen, aber für dieses Erdzeichen typischen Konstruktion: Kepler verschachtelte die bekannten regelmäßigen Körper so ineinander, dass deren Abstände voneinander die Abstände der Planeten widerspiegeln sollten.

Doch als Realist hielt er sich an Fakten. Und die lieferte ihm der dänische Astronom Tycho de Brahe reichlich. Brahe beobachtete über Jahre den Mars. Und Kepler, der Saturn-Geborene, machte sich daran, den Kriegsgott am Himmel mathematisch zu besiegen.

Zwei Jahre brauchte er, bis er die wahre Natur der Planetenbahn herausfand. „Mars wehrt sich beständig" schrieb er, „aber Saturn hat den längeren Atem. Die Planeten bewegen sich nicht in Kreisen (wie jeder annahm), sondern in ellipsenförmigen Bahnen".

Die Leistung ist ungeheuer. Ein riesiges Zahlenmaterial musste mit den primitiven Hilfsmitteln der Zeit systematisch verarbeitet werden. Doch als geduldiger und zäher Steinbock verlor Kepler den Mut nicht und begründete so die moderne Himmelsmechanik. Auf seinen Erkenntnissen konnte der –

BERÜHMTE PERSÖNLICHKEITEN

ebenfalls steinbockgeborene – Newton seine umfassende Theorie vom Universum aufbauen.

Der Mutter Keplers machte man den Prozess als Hexe. Doch ihr Sohn verteidigte sie zäh und erfolgreich, eine wirklich ungewöhnliche Sache zur damaligen Zeit.

Gegen die Astrologie, so wie sie damals (und heute noch) betrieben wurde, verfasste er Schmähschriften. Aber er verschrieb sich ihr, theoretisch und praktisch, und mit viel Erfolg. Seine Prognosen über Wallenstein sind wirklich erstaunlich.

Isac Newton (4.1.1643)
Der Nachfolger Keplers schuf ein über Jahrhundert gültiges Weltbild. Sein Gravitationsgesetz erwies sich als universell. Es galt für den Himmel gleichermaßen wie für die Erde.

Doch Newton schuf auch bahnbrechende Theorien über das Licht und beschäftigte sich intensiv mit Alchemie, der Wissenschaft (oder Kunst?) von der Umwandlung fester Materie (Steinbock!) in subtile psychische Prozesse (Oppositionszeichen Krebs!).

Er war stets ein kluger Skeptiker und schon als Kind genial (ähnlich wie Kepler). Die Mathematik war für ihn ein Hilfsmittel der Physik. Übrigens war er auch erfolgreich in der Wiederherstellung der Währungsstabilität – als Münzmeister.

In seiner Optik besteht das Licht aus festen Teilen. Damit konnte er vieles erklären, aber nicht

BERÜHMTE PERSÖNLICHKEITEN

Farben und Interferenzen (Auslöschung von Licht durch Licht). Dazu bedurfte es der Wellentheorie des widdergeborenen Zeitgenossen Huygens. Wellen waren aber für Newton zu luftig. Er brauchte Handfestes, damit konnte er umgehen.

Albert Schweitzer (14.1.1875)
Besucher seines berühmten Urwaldkrankenhauses waren schockiert: Der gute Doktor hielt sich einen Medizinmann als Arzt-Gehilfen!

Doch Schweitzer klärte mit verschmitztem Humor die Besucher auf. Hautwunden und Ähnliches wurden mit den einheimischen Salben und Tränken behandelt. Mit psychischen Erkrankungen konnte der Hexendoktor ebenfalls besser umgehen. Der Rest – die wirklich schwierigen Fälle – kam in's Krankenhaus.

Schweitzer war, wie es seinem Zeichen geziemt, ein geduldiger, bescheidener und humorvoller Diener der Menschen. Mit 30 gab er eine gute Stelle zu Hause auf und zog in den Urwald, wo er ein Krankenhaus für die Aussätzigen gründete und bis zu seinem Tod (mit 90) blieb.

Konrad Adenauer (5.1.1876)
Mit 41 Jahren, für einen Politiker also noch recht jung, wurde er Oberbürgermeister von Köln. 1933 schickten ihn die Nationalsozialisten in Pension. Doch nach dem Krieg begann seine eigentliche Karriere und sein steiler Aufstieg.

Mit 73, einem Alter, da andere schon zehn Jahre in Pension sind, wurde er erster Kanzler der Bun-

BERÜHMTE PERSÖNLICHKEITEN

desrepublik. Vier Jahre lang war er sogar sein eigener Außenminister. In zähen Verhandlungen mit den westlichen Besatzungsmächten errang er für sein Land Freiheit und Gleichberechtigung.

Persönlich war er anspruchslos, ein disziplinierter und ausdauernder Arbeiter. Er brauchte wenig Essen und noch weniger Schlaf. Für seine Familie war er ein kleiner Patriarch. Besonders gerühmt wird sein realistisches Denken und seine einfache, klare Sprache, die auch der kleine Mann verstand.

Die Macht hätte er sicher nie abgegeben, wenn er nicht durch massiven Druck aus Partei und Öffentlichkeit mit 87 (!) zum Rücktritt gezwungen worden wäre. Doch auch dann ruhte er nicht, schrieb seine Memoiren und führte ein rüstiges Leben bis zu seinem Tode.

Edgar Allan Poe (19.1.1809)
Der Dichter des Grauens war vor allem ein Verspötter zeitgenössischer Dichter. Selbst bei seinen ernsten Geschichten und Essays weiß man nie, ob er sich nicht über jemand oder etwas mokiert.

Benjamin Franklin (17.1.1706)
Der vielseitige Lebenskünstler war Seifensieder, Buchdrucker, Erfinder, experimenteller Physiker und Politiker. Den Blitz machte er unschädlich, indem er dessen Energie in die Erde ableitete – sein Element.

Heinrich Zille (10.1.1858)
Sein „Miljöh" schildert mit trockenem Witz Gören und Greise.

BERÜHMTE PERSÖNLICHKEITEN

J.R.R. Tolkien (3.1.1892)
Sein „Herr der Ringe" versteckt sich unter der Erde, und die Gnome führen einen zähen Kampf.

Muhammad Ali (Cassius Clay) (17.1.1942)
Mit treffendem Witz machte sich der tänzerische Boxer über seine Gegner lustig.

Louis Braille (4.1.1809)
Der blinde Wohltäter erfand eine „handfeste" Schrift für seine Leidensgenossen: die Blindenschrift.

Friedrich Dürrenmatt (5.1.1921)
Der Schweizer Dramatiker besticht durch moralisches Verantwortungsbewusstsein und seinen gelegentlich schwarzen Humor.

Cary Grant (18.1.1904)
Der geborene Clown begeisterte z.B. als unschuldiges Opfer seiner männermordenden Tanten.

Humphrey Bogart (25.12.1899)
Die Zigarette lässig im Mund wurde er zum Idol.

Gustav Gründgens (22.12.1899)
Dem Dämonischen gab er erdverwurzelten Ausdruck als Gestalter des „Mephisto".

Marlene Dietrich (27.12.1901)
Immer die große Lady, zurückhaltend, geheimnisvoll, tapfer und selbstbewusst.

Hildegard Knef (28.12.1925)
Sie schaffte eine zweite Karriere als Chansonsängerin.

☾

Das Chinesische Horoskop

DAS CHINESISCHE HOROSKOP

Der chinesische Mondkalender

Die chinesische Astrologie wird vom Mond beherrscht und nicht von der Sonne, wie der westliche Tierkreis. Der chinesische Mondkalender gilt als die älteste Zeitrechnung der Menschheit. Er wurde im Jahre 2637 v. Chr. von dem chinesischen Kaiser Huang-ti eingeführt.

Über die Entstehung des chinesischen Tierkreises gibt es eine alte Legende. Diese besagt, dass Buddha, als er die Erde verlassen wollte, alle Tiere zusammenrief, um sich von ihnen zu verabschieden. Doch nur zwölf Tiere folgten seinem Ruf. Zur Belohnung schenkte Buddha jedem Tier ein Jahr und zwar in der Reihenfolge ihrer Ankunft: Zuerst traf die Ratte ein, dann kamen nacheinander der Büffel, der Tiger, die Katze, der Drache, die Schlange, das Pferd, die Ziege, der Affe, der Hahn, der Hund und zuletzt das Schwein.

Jedes Tier beherrscht in einem Zyklus ein bestimmtes Jahr. Ein voller Zyklus umfasst sechzig Mondjahre und setzt sich aus fünf einfachen Zyklen von je zwölf Jahren zusammen. Danach beginnt der Zyklus wieder von vorne. Jedes Jahr ist auf diese Weise einem der zwölf Tiere zugeordnet.

Das jeweilige Tier charakterisiert das ihm unterstellte Jahr und beeinflusst das Leben der Menschen, die in diesem Jahr geboren wurden.

Wie auch in der westlichen Astrologie werden den zwölf chinesischen Tierkreiszeichen bestimmte

DAS CHINESISCHE HOROSKOP

Qualitäten und Elemente zugeordnet, die sich jedoch von denen des westlichen Tierkreises unterscheiden. Dies sind die Qualitäten Yin und Yang und die Elemente Wasser, Feuer, Holz, Metall und Erde.

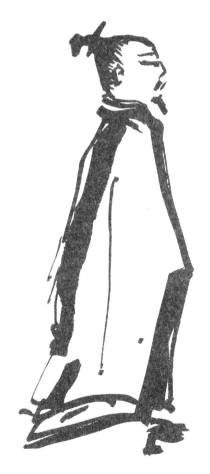

DAS CHINESISCHE HOROSKOP

Die Bedeutung von Yin und Yang

Yin und Yang sind zwei Begriffe, die aus der alten chinesischen Philosophie stammen. Nach dem taoistischen Glauben existiert das Leben mit all seinen Erscheinungsformen durch die Bewegung von Energie zwischen zwei Polen, die als Yin und Yang bezeichnet werden. Sie sind die polare Energiemanifestation der kosmischen Urenergie, genannt Chi.
Yin und Yang sind ein Gegensatzpaar – wie männlich und weiblich, positiv und negativ oder zentripetal und zentrifugal –, durch das Leben entsteht. Die Polarität dieser Gegensätze finden wir in allen Lebensformen wieder. Dabei repräsentiert Yin den weiblichen Pol und wird mit den rezeptiven Kräften in Verbindung gebracht. Man ordnet Yin die Empfänglichkeit, die Intuition, die Nachgiebigkeit usw. zu. Yang ist der männliche, aktive Pol, dem die Initiative, das rationale Handeln, das logische Denken usw. entspricht.

Yin und Yang bilden eine Einheit, da sie sich genau ergänzen. Diese Einheit wird durch einen Kreis dargestellt – das Urprinzip allen Seins und Symbol der Harmonie. Das Gleichgewicht dieser beiden Kräfte ist daher auch verantwortlich für die Herstellung und Erhaltung der Harmonie, sei es im Körper, in der Seele oder im gesamten Kosmos. Aus diesem Grund hat auch jeder Mann (Yang) einen weiblichen Teil (Yin) in sich und jede Frau (Yin) einen männlichen (Yang), eine Vorstellung, die wir auch aus der westlichen Psychologie kennen (die so genannte Anima des Mannes und der so genannte Animus der Frau).

DAS CHINESISCHE HOROSKOP

Die chinesischen Tierkreiszeichen werden entsprechend dieser Lehre in sechs Yin-Zeichen und sechs Yang-Zeichen unterteilt. Man sagt, der Yin-Typ sei eher introvertiert, fürsorglich, gefühlsbetont und intuitiv, während der Yang-Typ eher extrovertiert, individualistisch und unabhängig ist. Der Yin-betonte Mensch versucht sich im Kontakt mit anderen Menschen zu verwirklichen, während der Yang-betonte sein Gleichgewicht in sich selbst finden will. Yin-Menschen handeln eher überlegt, Yang-Menschen handeln meist aus einem spontanen Impuls heraus.

Die Tierkreiszeichen, die dem Yin-Prinzip zugeordnet werden, sind folgende: Ratte, Büffel, Katze, Affe, Hund und Schwein. Zum Yang-Prinzip gehören Tiger, Drache, Schlange, Pferd, Ziege und Hahn.

DAS CHINESISCHE HOROSKOP

Die fünf Elemente

In der chinesischen Astrologie gibt es fünf Elemente: Metall, Wasser, Holz, Feuer und Erde. Wie Yin und Yang sind auch die fünf Elemente alle gleichwertig und hängen voneinander ab. Alle Elemente stehen in einer Wechselbeziehung zueinander, die wiederum für das Gesamtgleichgewicht ausschlaggebend ist.

Jedes Jahr wird mit einem Element verbunden. Daraus ergibt sich, dass jedes der zwölf Tierkreiszeichen wiederum mit einem bestimmten Element kombiniert wird. Um das Element zu finden, das Ihrem Geburtsjahr zugeordnet wird, können Sie den folgenden Schlüssel verwenden.

Wenn Ihr Geburtsjahr am Ende folgende Ziffern hat, entspricht ihm das in der Tabelle angegebene Element:

     1 und 6 = Wasser
     2 und 7 = Feuer
     3 und 8 = Holz
     4 und 9 = Metall
     5 und 0 = Erde

Das Element Wasser

Menschen, die in einem Wasser-Jahr geboren wurden, sind gefühlsbetont und weich. Aber sie leben und handeln nach dem Motto: „Steter Tropfen höhlt den Stein". Mit ihrer Ausdauer schaffen sie es, selbst den härtesten Fels zu

Sand zu zermahlen. Darüber hinaus hat Wasser die Eigenschaft, sehr flexibel zu sein. Dies bedeutet einerseits, dass Wasser-Menschen über eine gute Anpassungsfähigkeit verfügen, andererseits aber auch gerne den Weg des geringsten Widerstandes gehen. Besonders ausgeprägt ist die Intuition der in einem Wasser-Jahr Geborenen.

Das Element Feuer

Das Element Feuer verleiht Entschlusskraft und Selbstsicherheit. Menschen, die unter diesem Element geboren wurden, ergreifen gerne die Initiative und sind voller Schwung und Tatendrang. Im Gegensatz zu Wasser-Menschen sind sie eher ungeduldig. Sie reagieren sehr impulsiv, wobei sie oft dominant und egoistisch wirken. Wie ihr Element, besitzen sie ein feuriges Temperament, und wenn es mit ihnen durchgeht, können sie ziemlich hitzköpfig sein. Wenn der Feuer-Geborene sich jedoch im Zaum hält, liegt sein stärkstes Talent darin, die Dinge ohne zu zögern anzupacken und zielstrebig zu Ende zu führen. Was dabei herauskommt, ist meist sehr erfolgreich!

Das Element Holz

Menschen, die in einem Jahr des Holzes geboren wurden, sind sehr umgänglich, einfühlsam und vertrauenswürdig. Sie verstehen es ausgezeichnet, gemeinsam mit anderen große Projekte zu realisieren, wobei sie die Lorbeeren nicht für sich alleine ernten wollen. Holz-Geborene besitzen ein großzügiges Denken und viel Toleranz. Sie verfügen über ein gesundes Maß an Materialismus, den sie sich gut zu Nutze machen können. Das Element Holz birgt die Gefahr, dass man sich zu viel zumutet oder seine Möglichkeiten überschätzt.

Im besten Falle aber liegt die Begabung dieses Elements in der Realisierung großer Pläne und Aufgaben.

Das Element Metall

Wie das Element Metall, wirkt der in einem Metall-Jahr Geborene recht unbeugsam und starrköpfig. Wenn er sich ein Ziel gesetzt hat, lässt er sich durch nichts davon abbringen, es auch zu erreichen.

Dabei zieht er den Alleingang vor und lehnt jede Einmischung in seine Angelegenheiten energisch ab. Metall-Menschen müssen lernen, nicht immer mit dem Kopf durch die Wand rennen zu wollen, wenn die Sympathie anderer Menschen nichts aufs Spiel gesetzt werden soll – obgleich das „Wände einrennen" zugegebenermaßen eine der stärksten Seiten des Metall-Typs ist!

Das Element Erde

Der in einem Erde-Jahr Geborene ist praktisch und realistisch. Er besitzt einen gesunden Unternehmungsgeist, wobei er sich aber nie in unrealistische Pläne versteigt, sondern vielmehr solide Projekte auf die Beine stellt.

Seine Handlungen sind stets wohl überlegt und gründlich durchdacht, weshalb das, was er tut, meist auch bestens funktioniert. Sein Verantwortungsbewusstsein und seine Disziplin verdienen aufrichtige Bewunderung, obwohl er auf Vertreter anderer Elemente oft etwas zu konservativ und nüchtern wirkt. Doch alles, was ein Erdmensch anpackt, hat Hand und Fuß – und darüber hinaus ein absolut sicheres Fundament!

DAS CHINESISCHE HOROSKOP

Der Weggefährte

Wie in der westlichen Astrologie spielt die Geburtszeit auch in der chinesischen eine besondere Rolle. Im westlichen Horoskop ergibt sich aus der Geburtszeit der so genannte Aszendent, dem im chinesischen der „Weggefährte" entspricht.

Die vierundzwanzig Stunden des Tages werden wiederum in zwölf Abschnitte unterteilt, die jeweils einem Tierkreiszeichen zugeordnet werden. Dabei beginnt der Tag des chinesischen Mondkalenders um 23 Uhr. Der Weggefährte beeinflusst die Qualität des Tierkreiszeichens, unter dem man geboren ist.

Jede der zwölf möglichen Kombinationen von Tierkreiszeichen und Weggefährten bewirkt eine spezielle Färbung der individuellen Persönlichkeit.

Um herauszufinden, welcher Weggefährte ihr Tierkreiszeichen begleitet, suchen Sie bitte in der folgenden Tabelle Ihre Geburtszeit. Das Tier, das in diesen Zeitabschnitt fällt, ist Ihr Weggefährte: Wenn Sie wissen wollen, wie der Weggefährte Ihr Tierkreiszeichen beeinflusst, lesen Sie bitte unter beiden Zeichen nach und kombinieren Sie die Eigenschaften beider miteinander. Sollten Sie unter einem Doppelzeichen geboren sein, das heißt, nach Ihrem Geburtsjahr und Ihrer Geburtsstunde sind Sie beispielsweise Ratte/Ratte, bedeutet dies, dass die Qualitäten dieses Tierkreiszeichens in Ihrer Persönlichkeit besonders markant sind und in Ihrem Leben besonders stark zum Ausdruck kommen.

DAS CHINESISCHE HOROSKOP

Stundentabelle

23.00 - 1.00 Uhr – Ratte

1.00 - 3.00 Uhr – Büffel

3.00 - 5.00 Uhr – Tiger

5.00 - 7.00 Uhr – Katze

7.00 - 9.00 Uhr – Drache

9.00 - 11.00 Uhr – Schlange

11.00 - 13.00 Uhr – Pferd

13.00 - 15.00 Uhr – Ziege

15.00 - 17.00 Uhr – Affe

17.00 - 9.00 Uhr – Hahn

19.00 - 21.00 Uhr – Hund

21.00 - 23.00 Uhr – Schwein

DAS CHINESISCHE HOROSKOP

Die Ermittlung Ihres chinesischen Tierkreiszeichens

Um Ihr „Haupttierkreiszeichen", das so genannte „Jahreszeichen", zu ermitteln, benötigen Sie die Jahreszahlentabellen, die Sie vor der Beschreibung jedes Tierkreiszeichens finden. Suchen Sie in den zwölf Tabellen nach Ihrem Geburtsdatum.

Auch hier unterscheidet sich der chinesische Kalender vom westlichen. Wie Sie aus den Tabellen ersehen werden, beginnt die Einteilung der Jahre nicht am ersten Tag des Monats. Das Jahr der Ratte beginnt beispielsweise am 31.01.1900 und endet am 19.02.1901. Daher sind Tabellen, die nur die Jahreszahlen angeben, ungenau. Wer am 10.02.1901 geboren ist, ist Ratte. Wer hingegen am 10.03.1901 geboren ist, ist Büffel.

Beispiel
Geburtsdatum: 22.01.1950, 4.30 Uhr

Um Ihnen die Suche in den zwölf Tabellen zu erleichtern, hier eine kleine Hilfestellung:

Die chinesischen Tierkreiszeichen, beginnend mit dem Zeichen Ratte im Jahre 1900, halten immer die gleiche Reihenfolge ein.
Das heißt:

1900 = Ratte, 1901= Büffel, 1902= Tiger, 1903= Katze, 1904 = Drache, usw. bis 1911 = Schwein. Das Jahr 1912 ist dann wieder ein Jahr der Ratte, 1913 = Büffel usw.

DAS CHINESISCHE HOROSKOP

Wenn Sie, ausgehend vom Jahr 1900, solange mit 12 multiplizieren, bis Sie Ihr Geburtsjahr erreichen oder annähernd erreichen, können Sie bei jedem Zwölfer-Abschnitt mit der Ratte beginnen und bis zu Ihrem Geburtsjahr weiterzählen:

In unserem Beispiel heißt das: in (19)50 geht 12 viermal, Rest 2. Daraus folgt: 12 x 4 = (19)48 + 2 = (19)50.

Daraus ergibt sich: 1948 ist wieder ein Jahr der Ratte, 1949 ein Jahr des Büffels und 1950 ein Jahr des Tigers.

Da Geburtsdaten, die in die Monate Januar und Februar fallen, immer genau im Zeichenwechsel des chinesischen Tierkreises liegen, müssen Sie in diesem Fall in der Tabelle vor und nach dem Zeichen Tiger nach Ihrem Geburtsdatum suchen.

In unserem Beispiel finden wir den 22.01.1950 nicht in der Tabelle des Zeichens Tiger, da dieses erst ab dem 17.02.1950 beginnt. Da unser Datum vor dem 17.02.1950 liegt, suchen wir nun bei dem Zeichen, das vor dem Tiger kommt, nämlich Büffel.

Ihren Weggefährten finden Sie leichter: Sehen Sie in der Stundentabelle nach, in welchem Zeitabschnitt Sie geboren sind.

In unserem Beispiel ist die Geburtszeit 4.30 Uhr. In der Tabelle finden wir:

3.00 – 5.00 Uhr – Tiger.

DAS CHINESISCHE HOROSKOP

Wenn Sie um 4.30 Uhr geboren sind, ist Ihr Weggefährte Tiger.

Auch Ihr Element finden Sie sehr leicht: Schlagen Sie dazu die Elementen-Tabelle auf. In unserem Beispiel endet das Geburtsjahr mit der Zahl 0. In der Tabelle finden wir:

5 und 0 = Erde.

Wenn Sie im Jahr 1950 geboren sind, ist Ihr Element Erde. Unser Beispiel ergibt insgesamt: Büffel/Tiger/Erde!

Um zu erfahren, welche individuelle Persönlichkeit der unter diesem Zeichen Geborene hat, lesen wir in Bezug auf unser Beispiel nun als Erstes unter „Büffel" nach, dann unter „Tiger" und „Erde".

Um ein ganz exaktes Bild von Ihrer persönlichen Veranlagung zu erhalten, die Sie mit in dieses Leben gebracht haben, sollte auch das westliche Horoskop berücksichtigt werden. Die chinesischen Tierkreiszeichen, so wie sie hier dargestellt sind, können Ihnen zusätzliche Informationen über Ihre Persönlichkeit liefern. Man sollte sich aber immer vergegenwärtigen, dass die Kombination aller Zeichen Ihres Gesamthoroskops erst Ihre Individualität widerspiegelt, die bei der Vielzahl der Kombinationsmöglichkeiten tatsächlich einmalig ist.

Die zwölf chinesischen Tierkreiszeichen

Ratte

Yin; festes Element: Wasser
Chinesischer Name: Schu

Jahreszahlentabelle Ratte

```
31.1.1900 – 19.2.1901
18.2.1912 –  6.2.1913
 5.2.1924 – 25.1.1925
24.1.1936 – 11.2.1937
10.2.1948 – 29.1.1949
28.1.1960 – 15.2.1961
15.2.1972 –  2.2.1973
 2.2.1984 – 19.2.1985
19.2.1996 –  6.2.1997
 7.2.2008 – 25.1.2009
```

(Die angegebenen Daten beziehen sich auf den ersten und den letzten Tag im Jahr des betreffenden Zeichens.)

Die Ratte-Persönlichkeit
Ganz im Gegensatz zu der Vorstellung, die wir von der Ratte im Naturreich haben, sagt man den in einem Ratte-Jahr geborenen menschlichen Vertretern dieses Tierkreiszeichens ausgesprochen positive Qualitäten nach. Es heißt, die Ratte sei attraktiv, charmant, liebenswert und verführerisch. Darüber hinaus zeigt sie auch noch einen Hang zum Besonderen.

DAS CHINESISCHE HOROSKOP

Der Ratte-Geborene tanzt gerne aus der Reihe – und auch gerne auf dem Glatteis. Mittelmäßigkeit ist ihm ein Gräuel und Langeweile sein ärgster Feind. Aus diesem Grund übertritt er mit Vorliebe Verbote, Anstandsregeln und Tabus. Sie können sich sicherlich vorstellen, dass diese Mischung aus Exzentrik und kapriziösem Verhalten auf den ersten Blick eine starke Faszination ausüben kann.

Die Ratte besitzt eine fast magische Anziehungskraft auf ihre Mitmenschen, was nicht verwundert, wenn man ein wenig tiefer in die Geheimnisse ihrer Persönlichkeit eindringt.

Ratte-Menschen geben nur ungern ihre tiefen und innersten Geheimnisse preis. Der Wunsch des Ratte-Menschen, lieber selbst alles im Griff zu haben, resultiert aus einem extremen Sicherheitsbedürfnis. Und um dieses Bedürfnis zu befriedigen, ist er mit einem gesunden Maß an Aggressivität, Durchsetzungswillen, Berechnung und Listigkeit ausgestattet.

Doch wie bei allem im Leben gibt es auch hier eine Kehrseite der Medaille: Ratte-Menschen sind tatkräftig, kreativ, phantasiereich, originell, kontaktfreudig und unterhaltsam. Kein Wunder, dass sie ein wahres Führungstalent besitzen, wie wir bei den berühmten Vertretern dieses Tierkreiszeichens sehen werden.

Die Ratte und ihr Gefühlsleben
Ratte-Menschen sind ausgesprochen gefühlsbetont und vor allem sehr, sehr leidenschaftlich.

DAS CHINESISCHE HOROSKOP

Wenn sie glücklich sind und sich geliebt und verstanden fühlen, mangelt es ihnen nicht an Treue. Darüber hinaus besitzen Sie mit der Liebe einer Ratte nicht nur ihre Treue, sondern auch ihre Kameradschaft und volle Unterstützung. Vor anderen verteidigt die Ratte ihren Partner bis aufs Messer.

Doch eines sollten Sie vermeiden: Enttäuschen Sie Ihre Ratte nicht, und lassen Sie sie nicht allzu oft allein. Obwohl wir es in diesem Fall mit einem wahrhaftigen Außenseiter zu tun haben, hat der Ratte-Geborene viel Familiensinn.

Wie wir bereits wissen, legen Ratten keinen besonderen Wert auf Traditionen und Konventionen. Doch das Chaos, das einem bei oberflächlicher Betrachtung im Heim einer Ratte entgegenschlägt, entpuppt sich bei genauerem Hinsehen als wohl geordnet. Es ist eben alles nicht ganz so, wie man es gewöhnt ist, und schon gar nicht, wie man es erwartet.

Hier einige Tipps für ein harmonisches Zusammenleben mit Ihrem Rattepartner. Als Erstes sollten Sie Ihre leidenschaftlichen Gefühle auf keinen Fall verbergen. Im Gegenteil: Ihre Ratte liebt Vulkanausbrüche! Wenn Sie Ihre Ratte betrügen, müssen Sie damit rechnen, dass sie sofort zum Gegenschlag ausholt und sie – fast augenblicklich – „zurück-betrügt".

Falls Ihre Ratte Sie betrügt, war dies ein reines Versehen. Sie werden sicherlich Verständnis dafür aufbringen, sobald Ihre Ratte ihr Plädoyer gehalten hat. Sie werden ein aufrichtiges Schuldeingeständnis mit all den dazugehörigen und absolut einsichtigen Gründen für dieses Missgeschick erhalten.

Ratte-Menschen sind sehr gute Eltern. Wenn Sie Ihre Ratte nicht zu einer sofortigen Annullierung der Ehe zwingen wollen, sollten Sie Ihre Flitterwochen nicht unbedingt pauschal buchen. Geregelte Frühstückszeiten, Vollpension und womöglich ein fester Liegestuhl mit Sonnenschirm am Strand sind für den Ratte-Geborenen ein sicherer Scheidungsgrund.

Und noch etwas, wie Sie das Herz Ihrer Ratte betören können: Schenken Sie Ihrer Ratte zum Geburtstag nicht immer nur Dinge, die wir gewöhnlich als nützlich betrachten. Sicherlich liebt Ihre Ratte-Dame einen gut ausgestatteten Haushalt und Ihr Ratte-Mann eine beeindruckende Bücherwand.

Der Weg zum Erfolg im Zeichen Ratte
Die Ratte liebt ihre Unabhängigkeit. Darüber hinaus ist sie ein ausgesprochener Individualist. Ihr Talent besteht als Erstes darin, zu beweisen, dass alle festen Regeln und Gewohnheiten mit einem Handstreich zunichte gemacht werden können.

Wie klettert eine Ratte die Erfolgsleiter hinauf? Nun, bekanntlich sind Ratten Nagetiere. Also wird die Ratte den sprichwörtlichen Stuhl nicht absägen, sondern durchnagen. Weil sie dies vornehmlich im Dunkeln tut, kann es sein, dass Sie nichts davon bemerken, bis Sie umkippen.

DAS CHINESISCHE HOROSKOP

Berühmte Ratte-Persönlichkeiten
Konrad Adenauer, Johann Sebastian Bach, Marlon Brando, Prinz Charles, Doris Day, Mata Hari, Wolfgang Amadeus Mozart, Ronald Reagan, William Shakespeare, Donna Summer.

Büffel

Yin; festes Element: Wasser
Chinesischer Name: Nyu

Jahreszahlentabelle Büffel

19.2.1901 – 8.2.1902
 6.2.1913 – 26.1.1914
25.1.1925 – 13.2.1926
11.2.1937 – 31.1.1938
29.1.1949 – 17.2.1950
15.2.1961 – 5.2.1962
 3.2.1973 – 22.1.1974
20.2.1985 – 8.2.1986
 7.2.1997 – 27.1.1998
26.1.2009 – 13.2.2010

Die Büffel-Persönlichkeit
Der Büffel ist ein sehr erdverbundenes Zeichen. Das bedeutet, dass er es mit seiner bewundernswerten Geduld und Ausdauer Schritt für Schritt zu beträchtlichem Wohlstand bringt. Seine Hartnäckigkeit und sein Pflichtbewusstsein sind der Grund, warum ihm manche Menschen vorwerfen, er sei ein „Dickschädel". Er ist ein unermüdlicher Arbeiter, und alles, was er anpackt und angeht, hat Hand und Fuß.

Alles, was ein Büffel-Geborener anpackt, gelingt auch meist. Wenn er eine Aufgabe übernimmt, plant er sie mit Methode und führt sie zuverlässig zu Ende. Dabei nimmt er sich Zeit, anstatt überhastet und unbedacht darauf los zu stürmen.

Wenn er dies erledigt hat, sollten Sie sich in Acht nehmen, denn plötzlich stürmt der Büffel los. Wenn dieser kraftstrotzende Zeitgenosse erst einmal aktiv geworden ist, kann ihn nichts mehr bremsen, und Sie sollten besser das Feld räumen, wenn er über die Prärie donnert.

Manchmal macht der Büffel den Eindruck, als sei er die Ruhe selbst. Das ist er auch, solange Sie so klug sind, ihn nicht zu provozieren. Wenn ein Büffel tobt, können Sie sich nur noch in Sicherheit bringen, bis sich der Sturm wieder gelegt hat!

Obwohl der Büffel ein Herdentier ist, bleibt er immer ein Individualist. Er liebt seine Unabhängigkeit, ist originell und lebt nach seinen eigenen Prinzipien. Versuchen Sie daher nicht, ihn zu ändern. Vielmehr vertrauen Sie ihm, so wie er ist. Und das können Sie blind, denn es heißt, der Büffel sei das vertrauenswürdigste, ehrlichste und treueste Zeichen.

Der Büffel und sein Gefühlsleben
Obwohl der Büffel-Geborene seine Unabhängigkeit liebt und so leben will, wie es ihm gefällt, besitzt er all die Eigenschaften, die man an einem Lebenspartner schätzt. Sicherheit spielt bei einem Büffel eine große Rolle. Er geht feste und

dauerhafte Beziehungen ein und ist seinem Partner treu ergeben. Er hält nichts von kurzen Liebesromanzen und flüchtigen Abenteuern, weshalb etwas flatterhaft veranlagte Menschen bei ihm auf Granit beißen.

Wenn Sie einen Büffel lieben, sollten Sie sich an praktischen Dingen erfreuen können. Ihr Büffel schätzt es nicht, sein Geld für unnützen Firlefanz auszugeben. Und für überschwängliche Liebesbeteuerungen hat er meistens keine Zeit.

Wie Sie bereits wissen, reagiert der Büffel sehr empfindlich auf das sprichwörtliche rote Tuch. Deshalb sind Sie gut beraten, es nicht unbedingt auf die Spitze zu treiben.

Wenn Sie ein Heim und eine Familie gründen wollen, ein gesichertes Einkommen und Ihren Lebensabend mit einem beachtlichen Bankguthaben und einem komfortablen Eigenheim verbringen wollen, sollten Sie sich einen Büffel an Land ziehen.

Der Weg zum Erfolg im Zeichen Büffel
Wie wir bereits wissen, ist der Büffel ein zäher, zielstrebiger und ausdauernder Arbeiter.

Darüber hinaus lässt er sich keine Vorschriften machen, dafür ist er schlichtweg zu unabhängig und individualistisch veranlagt. Vielmehr entspricht es eher seiner Natur, die Regeln selbst zu bestimmen. Aus diesem Grund ist der Büffel-Geborene nicht dazu bestimmt, eine Position zu bekleiden, in der er nichts zu sagen hat. Der Büffel hat das Gefühl, dass er seine Arbeit selbst am besten erledigen kann. Daher lehnt er Hilfe meistens ab.

Büffel sind keine Träumer und bauen keine Luftschlösser. Sie sind praktisch und realistisch, und so gehen sie auch an ihre Projekte heran. Daher kann man sicher sein, dass ein Büffel-Geborener die Pläne, die er in Angriff nimmt, auch verwirklichen wird – und noch dazu mit großem Erfolg.

Berühmte Büffel-Persönlichkeiten
Aristoteles, Richard Burton, Willy Brandt, Gary Cooper, Charlie Chaplin, Prinzessin Diana, Walt Disney, Hermann Hesse, Hildegard Knef, Jack Nicholson, Robert Redford, Vanessa Redgrave.

Tiger

Yang; festes Element: Holz
Chinesischer Name: Hu

Jahreszahlentabelle Tiger

```
 8.2.1902 – 29.1.1903
26.1.1914 – 14.2.1915
13.2.1926 –  2.2.1927
31.1.1938 – 19.2.1939
17.2.1950 –  6.2.1951
 5.2.1962 – 25.1.1963
23.1.1974 – 10.2.1975
 9.2.1986 – 28.1.1987
28.1.1998 – 15.2.1999
14.2.2010 –  2.2.2011
```

DAS CHINESISCHE HOROSKOP

Die Tiger-Persönlichkeit
Der Tiger gilt als ein Glückszeichen. In China schreibt man diesem königlichen Tier Macht und Kühnheit zu.

Daher der Glaube, der Tiger sei ein Zeichen des Schutzes, das Kraft verleiht. Die chinesischen Astrologen sagen jedoch auch, dass das Leben der Tiger-Geborenen sehr risikoreich sein kann. Der Tiger gilt als wagemutig, leichtsinnig und abenteuerlustig, was ihn manchmal in Gefahr bringen kann.

Der Tiger-Geborene sprüht vor Lebenslust. Er ist ständig in Aktion, und seine Energie scheint unerschöpflich.

Sein unerschütterlicher Optimismus bewahrt ihn davor, sich um materielle Dinge und ein gesichertes Leben kümmern zu müssen. Der Tiger sorgt sich wenig darum, Geld zu verdienen.

Trotzdem hat er meistens genug Geld und gibt es genauso großzügig wieder aus, um bald darauf wieder im Geld zu schwimmen. Man möchte nun glauben, dass er dafür hart arbeiten muss oder eine geniale Erfindung gemacht hat. Aber dem ist nicht so. Der Tiger hat ganz einfach Glück – und eine Menge Fans, die ihn immer gerne großzügig unterstützen.

Tiger sind leidenschaftlich, gefühlvoll und sehr menschlich. Logischen Argumenten gegenüber sind Tiger nicht so aufgeschlossen, dafür aber umso mehr Lob und Streicheleinheiten.

DAS CHINESISCHE HOROSKOP

Das Leben des Tigers ist oft so chaotisch, dass ein anderer glatt Selbstmord begehen würde. Aber nicht so der Tiger, den Sodom und Gomorrha noch lange nicht aus der Fassung bringen können. Und wenn ihm eine Sache doch etwas zu heiß wird, rettet er sich mit einem eleganten Sprung und landet wieder sicher auf allen Vieren!

Obwohl man es nach all dem kaum glauben möchte, besitzen Tiger eine ausgesprochen treue Seele. Sie sind großzügig und haben einen ausgeprägten Gerechtigkeitssinn. Freiheit geht ihnen über alles, vor allem ihre eigene. Jeder, der versucht, sie einzuengen oder ihnen sogar Zwänge oder Regeln aufzuerlegen, lernt das Raubtier in ihnen kennen.

Der Tiger und sein Gefühlsleben
Es ist nicht schwer zu erraten, dass der Tiger sich nicht gerne an die Kette legen lässt. Sollten Sie es dennoch versuchen, werden Sie sehr bald feststellen, dass Sie an Ihrem faszinierenden König des Dschungels keinen besonderen Spaß mehr haben. Aber eines kann Sie beruhigen: Der Tiger ist von Natur sehr treu.

Tiger sind überaus gefühlvoll und großzügig. Darüber hinaus hassen sie jegliche Heuchelei. Was ein Tiger sagt, das meint er auch so. Daher wird er Sie auch nicht belügen.

Wenn Sie sich einen Tiger einfangen wollen, machen Sie sich rar. Tiger machen nicht gerne leichte Beute und lieben die Eroberung.

Ein Tiger kommt sein Leben lang nicht aus der Sturm-und-Drang-Zeit heraus. Wenn Sie sich also zu einem Tiger gesellen wollen, ist das Einzige, was absolut sicher ist, dass es Ihnen nie langweilig wird.

Der Weg zum Erfolg im Zeichen Tiger
Mit seiner Dynamik und seinem Optimismus scheut der Tiger kein Risiko. Er lässt sich auf die waghalsigsten Unternehmungen im blinden Vertrauen ein, dass ihm das Glück schon hold sein wird.

In einer Position, in der seine Freiheit eingeschränkt ist, wird man einen Tiger kaum finden und wenn, dann nicht sehr lange. Klarer Fall, dass er der Herrscher ist, und wer dies in Frage stellt, wird sehr bald eines Besseren belehrt werden.

Der Tiger ist ein Erfolgstyp. Aber er will im Alleingang zu Ruhm und Ehren gelangen und lehnt jede Einmischung in seine Angelegenheiten ab. Nur wenn er das Gefühl hat, es ganz alleine geschafft zu haben, empfindet er seinen Sieg als wahren Triumph.

Auch im Berufsleben braucht der Tiger Bewegung. Daher kann es passieren, dass er öfter eine neue Beschäftigung braucht, weil ihm die alte zu langweilig geworden ist.

Als Selfmade-Typ wird er wohl kaum beständig eine Stufe nach der anderen die Karriereleiter hinaufklettern. Er nimmt die ganze Leiter mit einem

DAS CHINESISCHE HOROSKOP

Satz, und wenn ihm das nicht auf Anhieb gelingt, probiert er lieber gleich eine andere Leiter aus.

Berühmte Tiger-Persönlichkeiten
Prinzessin Anne, Königin Elisabeth II., Alec Guiness, Thor Heyerdahl, Marilyn Monroe, Elisabeth Kübler-Ross, Romy Schneider.

Katze

Yin; festes Element: Holz
Chinesischer Name: Tu

Jahreszahlentabelle Katze

```
29.1.1903 – 16.2.1904
14.2.1915 –  3.2.1916
 2.2.1927 – 23.1.1928
19.2.1939 –  8.2.1949
 6.2.1951 – 27.1.1952
25.1.1963 – 13.2.1964
11.2.1975 – 30.1.1976
29.1.1987 – 16.2.1988
16.2.1999 –  4.2.2000
 3.2.2011 – 22.1.2012
```

Die Katze-Persönlichkeit
Allen Sprichwörtern zufolge hat die Katze sieben Leben. Ebenso herrscht in China der Glaube, dass das Tierkreiszeichen der Katze ein Symbol der Langlebigkeit ist. Die Katze gibt ein Bild vollendeter Grazie, Eleganz und Harmonie ab. Wie ihre Artgenossen aus dem Tierreich sind auch die menschlichen Vertreter dieses Zeichens ausge-

sprochen geschmeidig und gewandt. Sie verfügen über diplomatisches Geschick und vermeiden, wenn möglich, jeden Streit oder Konflikt.

Katzen sind eher vorsichtig und gehen der Gefahr aus dem Weg. Wenn man sie jedoch in die Enge treibt und ihnen kein anderer Ausweg bleibt, zeigen sie die Krallen und beweisen, dass sie doch eine entfernte Verwandschaft mit einem Raubtier haben.

Mit ihrer warmherzigen, feinfühligen und geselligen Art sind Katzen sehr beliebt als Gastgeber, Freund, Kollege und Partner. Sie glänzen gerne in einem kleinen, vertrauten Kreis, während sie draußen in der Welt eher zurückhaltend und vorsichtig sind.

Alles Unvorhergesehene ist einem Katze-Geborenen sehr verhasst. Ein unerwartetes Ereignis, auf das er sich nicht lange vorbereiten konnte, bringt ihn völlig aus dem Gleichgewicht.

Eine Katze erreicht ihre Ziele niemals dadurch, dass sie mit dem Kopf durch die Wand rennt. Im Gegenteil, sie setzt ihren Willen mit Takt und viel Geschick durch. Sie besitzt ein ausgeprägtes Fingerspitzengefühl für die Art, wie man mit anderen Menschen am besten verhandelt. Daher hat sie auch eine glückliche Hand für gute Geschäfte.

Katzen sind auf charmante und ganz bezaubernde Art raffiniert. Sie schaffen es, ihren ärgsten Feind so geschickt zu umgarnen und ihm so gekonnt zu schmeicheln, dass er glatt dahinschmilzt und ins feindliche Lager überwechselt.

Stress ist für die Katze ein Fremdwort, und wenn jemand versucht, sie anzutreiben, verkriecht sie sich erst einmal hinter dem Ofen, und niemand kann sie so schnell wieder hervorlocken. Katzen sind die geborenen Lebenskünstler.

Die Katze und ihr Gefühlsleben
Katzen sind verständnisvoll und feinfühlig. Wenn Sie jemandem Ihr Herz ausschütten wollen, sind Sie bei einer Katze am richtigen Platz. Wenn Sie aber jemanden brauchen, der Sie bis aufs Messer verteidigt oder sein letztes Hemd für Sie opfert, sollten Sie besser einen Tiger oder einen Hund aufsuchen. Einer Katze dürfen Sie nicht allzu sehr zur Last fallen. Das bringt sie aus der Ruhe!

Da Katzen sehr viel Liebe und Zärtlichkeit brauchen und darüber hinaus auch noch überaus intelligent sind, wissen sie genau, wie sie sich ihre Bedürfnisse erfüllen können. Sie umschmeicheln ihre Auserwählten so liebevoll, dass diese ihren Liebesbezeugungen nicht widerstehen können und meistens nachgeben.

Der Katze-Geborene braucht ein sicheres, warmes Nest, in dem er sich rundherum wohlfühlen kann. Wenn er es einmal gefunden hat, wird er es so schnell nicht wieder verlassen.

Der Weg zum Erfolg im Zeichen der Katze
Die Katze ist der geborene Diplomat, daher kommt sie gut mit anderen Menschen zurecht.

Auch das Rampenlicht tut ihren Augen weh, und sie macht nicht gerne viel Lärm um sich. Ihr Privatleben ist der Katze wesentlich wichtiger als beruflicher Erfolg.

Aber in manchen Situationen macht die Katze das Rennen, während einige Vertreter anderer Zeichen gar nicht bemerken, dass sie gerade dabei sind, von diesem harmlosen, stets freundlichen und zuvorkommenden Wesen elegant und charmant vor die Tür gesetzt zu werden.

Aus sicherer Distanz bewahrt sie den vollen Überblick, und ihren wachsamen Augen und Ohren entgeht nichts, was von Bedeutung ist.

Berühmte Katzen-Persönlichkeiten
Albert Einstein, Agatha Christie, Joachim Fuchsberger, Dieter Hildebrandt, Gina Lollobrigida, Karl May, Henry Miller, Roger Moore, Frank Sinatra, Tina Turner, Orson Welles.

Drache

Yang; festes Element: Holz
Chinesischer Name: Lung

Jahreszahlentabelle Drache

16.2.1904 – 4.2.1905
3.2.1916 – 23.1.1917
23.1.1928 – 10.2.1929
8.2.1940 – 27.1.1941
27.1.1952 – 14.2.1953

DAS CHINESISCHE HOROSKOP

```
13.2.1964 –  2.2.1965
31.1.1976 – 17.2.1977
17.2.1988 –  5.2.1989
 5.2.2000 – 23.1.2001
23.1.2012 –  9.2.2013
```

Die Drache-Persönlichkeit
Dieses Fabeltier sprüht vor Vitalität und Energie. Drachen sind faszinierend und erschöpfend zugleich. Was sie am meisten hassen, ist der fade Alltag mit seiner farblosen Routine. Daher tun sie alles, um ihr Leben möglichst chaotisch zu gestalten und überall Unordnung zu schaffen, um jeglicher Monotonie vorzubeugen.

In China gilt der Drache als das Symbol des Kaisers und der Macht.

Aber es gibt einen kleinen Trick, wie man sich bei einem Drachen Gehör verschaffen kann: Rühren Sie an sein großes Herz!

Wenn ein Drache kämpft, erscheint ein Vulkanausbruch im Vergleich dazu eher harmlos. Wie ein Feuersturm fegt er übers Land und hinterlässt eine Wüste, ohne mit der Wimper zu zucken.

Der Drache braucht eine Aufgabe, für die er seine überschüssige Kraft einsetzen kann, sonst steht er ständig unter Druck, und das bekommt ihm nicht besonders gut.

Auch in den größten Schwierigkeiten lässt sich ein Drache nicht unterkriegen. Er gibt sich niemals geschlagen, selbst wenn eine Sache noch so aussichtslos erscheint. Und kommen Sie ihm nicht mit Vernunft oder logischen Argumenten! Dann verrennt er sich nämlich nur noch mehr!

Der Drache und sein Gefühlsleben
Nach allem, was Sie bereits über den Drachen wissen, können Sie sich sein Gefühlsleben sicherlich lebhaft vorstellen. Der Drache besitzt ein riesengroßes Herz und ein feuriges Temperament. Wenn er liebt, dann mit Haut und Haaren und ohne lange Umschweife.

Wenn Sie von einem Drachen erobert worden sind, werden Sie sich als Auserwählter und obendrein als der glücklichste Mensch der Welt vorkommen! Drachen sind nämlich unwiderstehlich. An der Seite eines Drachen erstrahlt man selbst in seinem schönsten Licht. Sie fühlen sich in seiner Gegenwart einfach großartig.
Einen Drachen zu erobern, ist nicht einfach, denn er tut das sehr gerne selbst.

Der Weg zum Erfolg im Zeichen Drache
Wenn ein Drache die Erfolgsleiter erklimmt, bleibt dies nicht unbemerkt. Er nimmt sie im Sturm, wobei er kaum Notiz davon nimmt, wenn andere dabei auf der Strecke bleiben. Dort, wo alle anderen längst aufgegeben haben, wird es für den Drachen erst richtig interessant. Wenn Sie ihn zur Weißglut bringen oder gar hinausekeln wollen, langweilen Sie ihn mit Routinearbeiten oder bürokratischem Papierkram.

Was der Drache braucht, ist eine ihm angemessene Aufgabe. Er muss Pionierleistungen erbringen und als Erster den Mount Everest besteigen. Da ihm hier leider schon jemand zuvorgekommen ist und auch Kolumbus schon vor ihm in Amerika war, ist seine berufliche Laufbahn häufig recht kurvenreich. Der Drache muss experimentieren und oft mehrere Berufe ausüben.

Berühmte Drache-Persönlichkeiten
Salvador Dalí, Kirk Douglas, Faye Dunaway, Jean Gabin, John Lennon, Jeanne Moreau, Anthony Quinn, Gregory Peck, Ringo Starr.

Schlange

Yang; festes Element: Feuer
Chinesischer Name: Schi

Jahreszahlentabelle Schlange

```
 4.2.1905 – 25.1.1906
23.1.1917 – 11.2.1918
10.2.1929 – 30.1.1930
27.1.1941 – 15.2.1942
14.2.1953 –  3.2.1954
21.2.1965 – 21.1.1966
18.2.1977 –  6.2.1978
 6.2.1989 – 26.1.1990
24.1.2001 – 11.2.2002
10.2.2013 – 30.1.2014
```

Die Schlange-Persönlichkeit
In China gilt die Schlange als die Verkörperung der Weisheit. Und auch andere Vorurteile, die wir im Allgemeinen gegenüber ihren Vertretern aus

dem Tierreich haben, müssen wir korrigieren. Schlangen verfügen über magische Kräfte und übersinnliche Fähigkeiten. Mit ihrer ausgeprägten Intuition sind sie für andere Menschen daher oft rätselhaft und geheimnisvoll.
Schlange-Geborene sind ein Vorbild an Eleganz und Ästhetik.
Schlangen verstehen es, sich gut und teuer zu kleiden, und auch sonst ist alles, was sie besitzen, nur vom Feinsten. Wenn Sie einer Schlange eine Freude machen wollen, gehen Sie mit ihr in den besten Juwelierladen am Platz.

Der Schlange-Geborene verliert nicht einmal angesichts der größten Katastrophe die Nerven. Wie ein Fels in der Brandung bleibt er stets geistesgegenwärtig und meistert die Lage mit Bravour.

Die Schlange und ihr Gefühlsleben
Die Schlange erwartet bedingungslose Treue. In der Liebe kennt sie kaum Kompromisse. Wenn sie ein Opfer auserkoren hat, hypnotisiert sie es, was ihr mühelos gelingt. Danach verschlingt sie es mit Haut und Haaren. Wenn Sie nicht bereit sind, sich ganz und gar in Besitz nehmen zu lassen, sollten Sie versuchen, den Verführungskünsten einer Schlange nicht zu erliegen. Was für andere gilt, muss aber noch lange nicht für die Schlange gelten. Sie selbst nimmt es mit der Treue nicht allzu genau, und in Besitz nehmen lässt sie sich auch nicht so gerne. Sie hat ihre eigenen Vorstellungen von Treue.

Wenn Sie eine Schlange zum Partner haben, wird es Ihnen nicht an interessantem Gesprächsstoff mangeln. Schlangen sind ausgesprochen gute Unterhalter. Sie führen gerne tief schürfende, philosophische Gespräche.

Wenn eine Schlange glücklich und zufrieden ist, ist sie ein sehr umgänglicher Gefährte. Sie kann überaus verständnisvoll und tolerant sein.

Der Weg zum Erfolg im Zeichen Schlange
Schlangen haben kein besonderes Bedürfnis nach Erfolg. Was sie wollen, lässt sich auf einen einfachen Nenner bringen. Sie wollen so leben können, wie es ihnen gefällt. Dies heißt im Klartext: Eine Schlange möchte ein ruhiges und komfortables Leben führen und morgens nicht aus dem warmen Bett kriechen müssen.

Wenn sie nicht bereits als Millionär geboren wurden und daher zur Arbeit gezwungen sind – die ihnen gar nicht liegt – entwickeln daher auch Schlangen eine gesunde Portion Ehrgeiz und Zielstrebigkeit.

Sie besitzen genau die richtige Mischung von Charme, Kaltblütigkeit, Intelligenz, Einfühlungsvermögen und gutem Riecher, um ihre Chance wahrzunehmen, wenn sie gekommen ist und mit einem gezielten Biss zuzuschlagen.

Berühmte Schlange-Persönlichkeiten
Julie Christie, Bob Dylan, Aretha Franklin, Indira und Mahatma Gandhi, Greta Garbo, John F. Kennedy, König Ludwig II. von Bayern, Robert Mitchum, Pablo Picasso, Edgar Allan Poe, Jean Paul Sartre.

Pferd

Yang; festes Element: Feuer
Chinesischer Name: Ma

Jahreszahlentabelle Pferd

25.1.1906 – 13.2.1907
11.2.1918 – 1.2.1919
30.1.1930 – 17.2.1931
15.2.1942 – 5.2.1943
 3.2.1954 – 25.1.1955
21.1.1966 – 9.2.1967
 7.2.1978 – 27.1.1979
27.1.1990 – 14.2.1991
12.2.2002 – 31.1.2003
31.1.2014 – 18.2.2015

Die Pferd-Persönlichkeit
Kaum ein anderes Tierkreiszeichen ist so freiheitsliebend wie das Pferd. Es braucht viel Auslauf, und zwar sowohl geistig als auch gefühlsmäßig. Was den Pferden fehlt, ist Ausdauer und Stabilität. Dafür sind sie aber umso flexibler und wendiger. Sie können in jeder Situation sofort reagieren.

Was den Pferd-Geborenen Schwierigkeiten macht, sind ihre häufigen Stimmungsschwankungen. Sie leiden unter ihren Launen. Da sie von einem Extrem ins andere verfallen, ist ihr Gemütszustand nur selten ausgeglichen.

Es heißt, dass Pferde ziemlich egozentrisch seien. Das stimmt auch insofern, als sie gerne im

Mittelpunkt stehen und sich oft wie ein Kind im Trotzalter benehmen. Dabei sind sie nicht wirklich egoistisch. Sie wollen nur um jeden Preis das Gefühl haben, vollkommen frei zu sein, und das bedeutet eben, dass alles nach ihrer Pfeife tanzt. Außenstehende empfinden das Pferd daher als ziemlich rücksichtslos.

Doch wie jeder Mensch, hat auch der Pferd-Geborene seine Schokoladenseite. Er ist offen und macht keine langen Umschweife, sodass man immer weiß, woran man bei ihm ist. Darüber hinaus ist er sehr gesellig und ein ergebener Freund, mit dem man im wahrsten Sinne des Wortes „Pferde stehlen kann".

Das Pferd und sein Gefühlsleben
Pferde sind sehr impulsiv und stürzen sich Hals über Kopf in jedes Abenteuer, das ihnen bei ihren weiten Ausritten in die Quere kommt. Sie fangen schnell Feuer, das aber oft nicht sehr lange brennt, weil sie keine Zeit haben, neues Holz aufzulegen. So schnell, wie sie auf Touren gekommen sind, verlieren sie auch wieder das Interesse.

Bei Pferden existiert die „Liebe auf den ersten Blick" nicht nur in der Phantasie. Sie praktizieren sie ihr ganzes Leben lang, und zwar des Öfteren! Ein Pferd dürfen Sie unter keinen Umständen einsperren, wenn Sie verhindern wollen, dass es nach allen Seiten wild ausschlägt. Vielmehr müssen Sie viel Mut aufbringen, um bei seinen waghalsigen Ritten mithalten zu können. Und mithalten müssen Sie, denn ein Pferd möchte nicht alleine gelassen werden, wenn es verliebt ist.

Wenn Sie ihm eine große Freude machen können, schenken Sie ihm etwas, mit dem es noch schneller von einem Abenteuer zum nächsten galoppieren kann.

Der Weg zum Erfolg im Zeichen Pferd
Sie werden auf der ganzen Welt keinen einzigen Bürohengst finden. Wer diesen Begriff geprägt hat, hat auf jeden Fall überhaupt keine Ahnung von Pferden!

Das Pferd stürzt sich mit Begeisterung in neue Projekte. Aber es hat wenig Ausdauer. Wenn sich die Sache zu lange hinzieht, wird sie ihm schnell langweilig. Am liebsten sind Pferde immer unterwegs. Viele Reisen tragen sehr zu seiner Zufriedenheit bei. Wenn möglich, sollte es bei seiner Arbeit auch nicht ständig sitzen müssen. Auch Pferde können ehrgeizig sein, und zwar dann, wenn sie von einer Idee begeistert sind. Dann setzen sie alles daran, ihr Vorhaben auch in die Tat umzusetzen. Zur Erreichung eines Ziels ist ihnen dann kein Weg zu weit.

Berühmte Pferd-Persönlichkeiten
Sean Connery, Frédéric Chopin, Paul McCartney, Rita Hayworth, Jimi Hendrix, Barbra Streisand, Helmut Schmidt, Paul Simon, Armin Müller-Stahl, John Travolta.

Ziege

Yang; Festes Element: Feuer
Chinesischer Name: Yang

DAS CHINESISCHE HOROSKOP

Jahreszahlentabelle Ziege

13.2.1907 – 2.2.1908
 1.2.1919 – 20.2.1920
17.2.1931 – 6.2.1932
 5.2.1943 – 25.1.1944
24.1.1955 – 12.2.1956
 9.2.1967 – 29.1.1968
28.1.1979 – 15.2.1980
15.2.1991 – 3.2.1992
 1.2.2003 – 21.1.2004
19.2.2015 – 7.2.2016

Die Ziege-Persönlichkeit

Die Ziege ist ein Träumer, der sehr viel Sinn für die schönen und angenehmen Dinge besitzt.
Ziegen leben lieber in einem Traumland als in der nüchternen Alltagswelt. Deshalb überlassen sie die täglichen Pflichten am liebsten anderen, denn es ist nicht so, dass sie von ihren Träumen auch satt werden. Darin liegt die Widersprüchlichkeit der Ziege. Sie verabscheut den grauen Alltag, ist aber auch kein weltfremder Asket.

Was die Ziege unbedingt braucht, ist ein Partner, der für sie sorgt und sie unterstützt. Dafür ist sie auch bereit, sich ihm weitgehend anzupassen. Er muss für den Lebensunterhalt sorgen, damit sie ihre Kreativität entfalten kann. Die Ziege dankt es ihm, indem sie ihn mit ihren phantasievollen Ideen unterhält.

Die Ziege-Geborenen sind verträgliche Menschen, die Streit und Aggression verabscheuen. Ziegen haben keinerlei Zeitgefühl. In den Dimensionen, in denen sie sich meistens aufhalten, gilt auch der allgemein gebräuchliche Kalender nicht. Sollten Sie mit einer Ziege einen festen Termin verabreden, halten Sie besser immer eine Alternative bereit.

Sonst kann es ihnen passieren, dass Sie Ihre wertvolle Zeit damit verschwenden, vergeblich auf die Ziege zu warten. Ihr Lebensrhythmus unterscheidet sich vollkommen von dem eines „normalen" Sterblichen.

Die Ziege und ihr Gefühlsleben
Ziegen sind Gefühlsmenschen, denen jegliche Logik fehlt. Sie urteilen nach Gefühl, sie handeln nach Gefühl und sie leben nach Gefühl. Ziegen sind treu, solange sie liebevoll gehegt und gepflegt werden. Aber in einer nüchternen Atmosphäre welken sie dahin und machen sich auf, um sich nach neuen Gefilden umzusehen. Dabei kommt ihnen ihre angeborene Neugier sehr zu Gute.

Wenn Sie sich eine Ziege ins Haus holen wollen, müssen Sie bereit sein, ihr alle Geldsorgen abzunehmen. Wenn Sie das tun, kann man Ihnen nur gratulieren! Die Ziege wird Farbe in Ihren grauen Alltag zaubern, dass Sie nur so staunen. Wenn sie versorgt ist, kommen ihre Talente nämlich voll zur Entfaltung.

Der Weg zum Erfolg im Zeichen Ziege
Im Falle einer Ziege muss man nur ein wenig kombinieren, um zu erraten, dass wir es hier nicht unbedingt mit einem Arbeitstier zu tun haben.

Ziegen sind nicht ehrgeizig, was den grauen Alltag anbelangt. Dieses Feld räumen sie lieber sofort und überlassen es denen, die sich hier erproben wollen. Die Ziege hat daran absolut kein Interesse.

Aber jetzt kommt das „große Aber". Wenn Sie das Talent einer Ziege entdecken und gerne die Rolle ihres Managers übernehmen und das „Mädchen für alles" spielen, dann entpuppt sie sich als einer der schillerndsten Schmetterlinge auf der ganzen Welt!

Berühmte Ziege-Persönlichkeiten
Isabelle Adjani, Simone de Beauvoir, Boris Becker, James Dean, Cathérine Deneuve, Annie Girardot, Janis Joplin, Laurence Olivier, Walter Scheel, Brooke Shields, John Wayne.

Affe

Yin; festes Element: Metall
Chinesischer Name: Hou

Jahreszahlentabelle Affe

2.2.1908 – 22.1.1909
20.2.1920 – 8.2.1921
6.2.1932 – 26.1.1933
25.1.1944 – 13.2.1945
12.2.1956 – 31.1.1957
29.1.1968 – 16.2.1969
16.2.1980 – 4.2.1981
4.2.1992 – 22.1.1993

DAS CHINESISCHE HOROSKOP

22.1.2004 – 8.2.2005
8.2.2016 – 27.1.2017

Die Affe-Persönlichkeit
Affen sind die geborenen Komiker. Ihr größtes Vergnügen besteht darin, ihre Intelligenz dazu zu benutzen, anderen Menschen ein Schnippchen zu schlagen oder sie hinters Licht zu führen. Ein Affe kann sich zwar hochmütig geben, um Sie an der Nase herumzuführen – aber auch das ist wieder nur einer seiner kleinen Tricks! Nein, der Affe will sich einfach amüsieren, und das geht eben manchmal nur auf Kosten anderer.

Zu der vielseitigen Begabung des Affen gehört auch, dass ihm niemand lange böse sein kann, selbst wenn der Affe ihm kurz zuvor das Fell über die Ohren gezogen hat. Affen sind allseits beliebt. Da sie sehr gesellig sind, ist das natürlich sehr zu ihrem Vorteil. Affen sind treue Freunde, freundliche Nachbarn und sympathische Kollegen.

Darüber hinaus besitzt er Weitblick, weshalb er die Folgen seiner Handlungen gut abschätzen kann. Einem Affen das Wasser zu reichen ist nicht gerade leicht.

Der Affe und sein Gefühlsleben
Affen verlieben sich gerne und schnell, aber selbst die größte Liebe macht sie nicht blind. Sie bewahren immer einen kühlen Kopf und entdecken so schneller als andere die Fehler des Partners oder die Schwächen der Beziehung. Das macht es ihnen nicht gerade leicht, ein dauerhaftes Glück zu finden.

Wenn Sie ihn gerne öfter bei sich zu Hause haben wollen, schaffen Sie sich eine große Kinderschar an. Affen bleiben ihr ganzes Leben lang Kinder, weshalb sie am glücklichsten sind, wenn man sie mit Gleichgesinnten Streiche aushecken lässt!

Der Weg zum Erfolg im Zeichen Affe
Affen sind einfallsreich und gewitzt. Sie finden sehr schnell heraus, wo der wunde Punkt ihres Gegners ist oder wie man ihn mit seinen eigenen Waffen schlägt.

Wo so mancher andere Schwierigkeiten hat, was er mit seiner Zeit anfangen soll, ist der Affe ein wahres Genie. Affen können mindestens zehn Sachen gleichzeitig machen.

Affen brauchen viel Abwechslung. Aber da sie so unübertroffen einfallsreich sind, fällt ihnen immer wieder etwas Neues ein, um den grauen Alltag zu beleben. Wenn sich Routine einzuschleichen droht, stellen sie kurz den ganzen Laden auf den Kopf – und schon ist wieder etwas los.

Berühmte Affe-Persönlichkeiten
Jaqueline Bisset, Jill Clayburgh, Joan Crawford, Bette Davis, Federico Fellini, Mick Jagger, Herbert von Karajan, Reinhold Messner, Rod Stewart, Liz Taylor.

Hahn

Yang; festes Element: Metall
Chinesischer Name: Yi

Jahreszahlentabelle Hahn

22.1.1909 – 10.2.1910
8.2.1921 – 28.1.1922
26.1.1933 – 14.2.1934
13.2.1945 – 2.2.1946
31.1.1957 – 16.2.1958
17.2.1969 – 5.2.1970
5.2.1981 – 24.1.1982
23.1.1993 – 9.2.1994
9.2.2005 – 28.1.2006
28.1.2017 – 15.2.2018

Die Hahn-Persönlichkeit
Wenn der Hahn mit seinem prächtigen Gefieder hocherhobenen Hauptes durch die Menge stolziert, zieht er alle Blicke auf sich. Er liebt es, im Mittelpunkt zu stehen, und auch privat will er immer der „Hahn im Korb" sein. Aber das ist nur die eine Seite der Medaille. Hähne sind zudem aufrichtig und ehrlich.

Wer im Zeichen des Hahns geboren ist, hat eine glückliche Hand im Umgang mit Geld. Wenn Sie zu den Unglücklichen gehören, bei denen sich der Gerichtsvollzieher schon ganz wie zu Hause fühlt, holen Sie sich einen Hahn zu Hilfe. Er wird die Sache wieder in Ordnung bringen, aber nicht nur das: Sie bekommen noch eine Strafpredigt gratis dazu!

Der Hahn und sein Gefühlsleben
Hähne brauchen die Bewunderung wie die Luft zum Atmen. Darüber hinaus sind sie aber auch sehr verantwortungsbewusst. Sie kennen ihre

partnerschaftlichen Pflichten und füllen sie gewissenhaft aus.

Mit der Treue nehmen sie es nicht so genau. Oft reicht die Bewunderung eines Einzelnen nicht aus, um sie zufrieden zu stellen. So mancher Gockel hält sich daher einen Harem in Reserve.

Dennoch sind Hähne umgekehrt sehr eifersüchtig. Jeden Rivalen schlagen sie in die Flucht. Hähne sind sehr gesprächig und reden viel und gern.

Wenn Sie sich einen Hahn ins Haus holen wollen, sparen Sie nicht mit Komplimenten. Wenn Sie bereits einen Hahn im Haus haben, machen Sie ihm ab und zu eine kleine Szene. Das schmeichelt ihm.

Der Weg zum Erfolg im Zeichen Hahn
Wenn ein Hahn nicht im Rampenlicht stehen und sein Talent im Show-Business entfalten kann, verdient er sich in allen Berufen seine Lorbeeren, in denen er sich als Finanzgenie betätigen kann.

Hähne sind gewissenhaft und vernünftig. Von riskanten Unternehmungen lassen sie von vornherein die Finger, denn dazu fehlt ihnen der nötige Optimismus und die Phantasie. Sie schlagen lieber den sicheren Weg zum Erfolg ein und kommen mit Ausdauer und Methode an die Spitze.

Hähne liefern immer Präzisionsarbeit. Sie erledigen ihre Pflichten mit peinlicher Genauigkeit und Sorgfalt.

DAS CHINESISCHE HOROSKOP

Berühmte Hahn-Persönlichkeiten
Jean Paul Belmondo, Prinzessin Caroline von Monaco, Joan Collins, Katherine Hepburn, Elton John, Simone Signoret, Peter Townsend, Peter Ustinov.

Hund

Yin; festes Element: Metall
Chinesischer Name: Gou

Jahreszahlentabelle Hund

    10.2.1910 – 30.1.1911
    28.1.1922 – 16.2.1923
    14.2.1934 – 4.2.1935
     2.2.1946 – 22.1.1947
    16.2.1958 – 8.2.1959
     6.2.1970 – 26.1.1971
    25.1.1982 – 12.2.1983
    10.2.1994 – 30.1.1995
    29.1.2006 – 17.2.2007
    16.2.2018 – 4.2.2019

Die Hund-Persönlichkleit
So beliebt Hunde bei ihren Mitmenschen auch sein mögen, sind sie doch selten zufrieden, weil sie ihren angeborenen Hang zum Pessimismus niemals ganz in den Griff bekommen.

Hunde leiden sehr unter ihrer Unruhe. Deshalb brauchen sie viel Sicherheit und Geborgenheit. Hunde verfügen über eine fast unfehlbare Menschenkenntnis, daher kann man ihnen nicht viel vormachen. Wenn der Hund sie aber einmal als seinen Freund auserkoren hat, weicht er Ihnen nicht mehr von der Seite, und Sie werden jeden Tag wieder dankbar sein, dass Sie behaupten können, einen wahren Freund fürs Leben gefunden zu haben.

Der tiefgründige Hund ist nicht nur ein Menschenfreund, vielmehr übernimmt er auch mit Vorliebe eine humanitäre Aufgabe. Darin kann er vollkommen aufgehen und sogar seine eigenen Sorgen vergessen!

Der Hund und sein Gefühlsleben
Der Hund unterscheidet im Umgang mit Menschen nur zwischen Freund und Feind. Er wittert sofort, wer einen guten und wer einen schlechten Charakter hat, und daran orientiert er sich auch. Obwohl er nach außen hin tolerant ist, wird er sich mit niemandem näher einlassen, der seiner feinen Nase nicht so ganz gefällt. Wenn er enttäuscht wird, vergisst er das ein Leben lang nicht. Hunde besitzen nämlich ein ausgezeichnetes Gedächtnis und darüber hinaus sind sie sehr empfindlich und verletzbar.

Ein Hund ist warmherzig und liebevoll. Er gibt es Ihnen unmissverständlich und ohne große Umschweife zu verstehen. Der Hund ist die Treue in Person.

Der Weg zum Erfolg im Zeichen Hund
Wie Sie sehen werden, gibt es sehr viele prominente Hunde und das, obwohl der Hund sehr selbstlos ist. Selbst wenn er eine Führungsposi-

tion einnimmt, verhält er sich immer human, fair und großzügig. Vielleicht ist das sein Trumpf im Ärmel, der ihn so erfolgreich macht.

Hunde müssen an eine Sache glauben, dann machen sie sie zu ihrer Lebensaufgabe. Wenn Hunde diese gefunden haben, beweisen sie, zu welchen Opfern sie fähig sind und welch ein heldenmütiges und großes Herz sie besitzen.

Der Hund-Geborene kämpft für die Gerechtigkeit. Wenn man ihn selbst oder jemanden, der ihm sympathisch ist, betrügt oder mit unfairen Mitteln übers Ohr haut, wird er wild.

Berühmte Hund-Persönlichkeiten
Brigitte Bardot, David Bowie, Charles Bronson, Rainer W. Fassbinder, Ava Gardner, Judy Garland, Michael Jackson, Sophia Loren, Shirley MacLaine, Inge Meysel, Liza Minelli, Donald Sutherland, Sylvester Stallone, Mutter Teresa.

Schwein

Yin; festes Element: Wasser
Chinesischer Name: Ju

Jahreszahlentabelle Schwein

30.1.1911 – 18.2.1912
16.2.1923 – 5.2.1924
4.2.1935 – 24.1.1936
22.1.1947 – 10.2.1948
8.2.1959 – 28.1.1960

DAS CHINESISCHE HOROSKOP

27.1.1971 – 14.2.1972
13.2.1983 – 1.2.1984
31.1.1995 – 18.2.1996
18.2.2007 – 6.2.2008
5.2.2019 – 24.1.2020

Die Schwein-Persönlichkeit
Das Schwein gilt als das ehrlichste und gewissenhafteste Zeichen in der chinesischen Astrologie. Man könnte es geradezu als „Wahrheitsfanatiker" bezeichnen. Da es darüber hinaus noch sehr gutmütig ist und nur an das Gute im Menschen glaubt, lässt es sich manchmal ganz schön an der Nase herumführen.

Schweine sind, ganz anders als der Ruf, der ihnen im Tierreich vorauseilt, Luxusgeschöpfe. Sie genießen das Leben mit all seinen sinnlichen Genüssen, in denen sie so richtig schwelgen können.
Da sie sehr gesellig und großzügig sind, lassen sie andere gerne daran teilhaben. Obwohl man Schweine oft ein wenig antreiben muss, können sie sehr aktiv werden. Das Schwein ist immer die gute Seele, die sich stets eifrig bemüht, alles zur vollsten Zufriedenheit zu erledigen und sich allseits nützlich zu machen.

Wenn es ums Geld geht, sind Schweine viel zu weichherzig. Es lässt sich von so manchem Schmarotzer ausnehmen wie eine Weihnachtsgans, wenn es nicht auf der Hut ist.

Das Schwein und sein Gefühlsleben
Schweine sind sinnlich und leidenschaftlich, und sie lieben das Leben.

DAS CHINESISCHE HOROSKOP

Daher setzen sie ihre Träume immer in die Realität um. Voller Lebensfreude genießt ein Schwein alles, was ihm die Liebe zu bieten hat – und das ist eine ganze Menge.

Das Schwein ist von einer ganzen Schar von Bewunderern umgeben und tut sich oft schwer damit, aus ihnen den einen auszuwählen, mit dem es die Überfülle seines Lebens teilen möchte.

Wenn es ihn oder sie aber gefunden hat, ist es treu und absolut ehrlich. Dieselbe Zuverlässigkeit und Aufrichtigkeit erwartet es auch von seinem Partner.

Ein Schwein ist sehr sensibel und anhänglich. Ab und zu liebt es aber auch das Alleinsein und erwartet, dass man ihm für eine Weile seine Ruhe lässt.

Wenn Sie sich ein Schwein angeln wollen, sollten Sie immer eine kleine Aufmerksamkeit mitbringen. Ebenso ratsam ist es, seinen Geburtstag nicht zu vergessen, denn es ist zutiefst gerührt, wenn Sie daran denken. Und was bei einem Schwein immer wirkt: Laden Sie es in ein erstklassiges Restaurant zu einem erlesenen Diner mit mindestens fünf Gängen ein!

Der Weg zum Erfolg im Zeichen Schwein
Schweine interessieren sich nicht so sehr für den Erfolg, aber dafür umso mehr für den Wohlstand. Das Schwein ist kein Speichellecker, das verstößt gegen seine Würde. Es geht auch nicht über Leichen, dafür ist es viel zu loyal und human. Es

schuftet auch nicht für zwei, dafür liegt es zu gerne faul am Swimming-Pool. Wie also kommt unser Schwein zu Ruhm und Ehren?

Nun, man muss ihm manchmal einen recht unsanften Schubs geben, damit es sich auf die Hinterbeine stellt. Für andere hat es oft den Anschein, als müsse ein Schwein nur den kleinen Finger rühren, um die Quellen zum Sprudeln zu bringen. Wo andere die Karriereleiter hinaufhetzen, bleibt unser Schwein gelassen und erntet doch in Hülle und Fülle.

Berühmte Schwein-Persönlichkeiten
Woody Allen, Fred Astaire, Humphrey Bogart, Maria Callas, Jacques Cousteau, Alain Delon, Alfred Hitchcock, Vicco von Bülow (Loriot), Rainier von Monaco, Albert Schweitzer.